世界トップ投資家の共通言語

大化けする人と企業を見いだすために
何を見ているのか

understanding global business
through the language of world class investors

髙岡美緒　曽我有希

日経BP

はじめに

筆者の二人（高岡と曽我）は、英国のオックスブリッジ[※1]で理系の学位を取ったのち、それぞれ国内外の金融機関でキャリアを積んできました。念のため書いておくと、二人とも日本人です。金融キャリアを歩み始め、二人ともファンド[※2]運用者側の人間として投資キャリアを積んできました。

グローバル投資の世界で共通の接点がいくつかあったにもかかわらず、友人を通じて直接出会ったのはほんの2年前のこと。出会ってすぐ、ある話題で意気投合します。

「日本はもったいない」――。

日本には良い技術、ブランド、高度な教育を受けた人材など、多くの資産があります。さらに、ここ数年はガバナンスを改善する風も吹いており、世界を視野に入れた投資家から見れば魅力的な企業がたくさんあります。実際、私たちの周りには「日本

※1　オックスフォード大学とケンブリッジ大学の併称。

※2　投資家から資金を募って運用する金融商品。

市場に投資をしたい、投資額を増やしたい」と考える投資家は大勢いますが、彼らが普段使っている投資分析手法を日本企業に当てはめたとき、「何かが腑《ふ》に落ちない」と、投資を見送ってしまうことがよくあります。

「腑に落ちない何か」について二人で話し、たどり着いた結論は、「日本の経営者は世界の投資家と『共通言語』で話していない」ということです。それは、英語を流暢《りゅうちょう》に話すこととは異なります。投資対象を分析する際、経営者と対話することが多いのですが、共通言語で話していないから相手の意図が分からず、質問されてもその答えが要領を得ないと感じさせるのです。その結果、事業を適正に評価されることなく、「腑に落ちない」と見送られてしまうのです。

私たち日本人からすれば、投資対象として根本的な問題があるわけではなく、むしろ評価に値する要素が山ほどあるにもかかわらず、そのようなことが繰り返されている現状を見てきて、「日本はもったいない」との思いで一致したのです。

「日本のもったいないを少しでも解消したい」。これが、本書を執筆する原点です。

「共通言語を理解してもらうにはどうすればいいだろうか」と試行錯誤した結果、世界トップ投資家※が発する「フレーズ」に注目しました。フレーズには投資家の意図があり、それを理解することは共通言語を習得する近道だと考えたのです。フレーズの多くは、投資を検討する際、投資対象に対して投げかける質問や、投資対象の財務状況や信用を精査するときに使っているもので、いわば資本主義的価値に基づいたものです。

※ 以下「グローバル投資家」と記載します。海外投資家や外国人投資家だけを指すのではなく、長期目線で企業価値を考えて投資をする機関投資家と定義し、もちろん日本人投資家も含まれます。

ただ、それらの多くは、自然な日本語に訳すことが難しいです。そもそも訳したときのコンセプトが日本に存在しなかったり、日本の文化にはなじまない、特有の意味合いを持っていたりするからです。良い例が「Commercial」という言葉です。例えば、以下のようなフレーズで使います。

She is commercial

Commercial（コマーシャル）を日本語に直訳すると「商業的」となり、一般に人の形容詞に使うことはまずないでしょう。しかしグローバル投資家は、ポジティブな意味合いで、個人への形容詞としても使います。「コマーシャルな人」というフレーズは、投資の世界では人を褒める意図があります。例えば、このフレーズを投げかけられた人が研究者だった場合、研究室にこもる学者肌の人ではなく、市場のニーズを理解した上で研究をビジネスとして成り立たせて成功しているような場合に使われます。ファンドマネジャー[※1]やベンチャー投資家[※2]がまさに投資をしたくなるような人材です。

フレーズに含まれている意図が分からなければ、投資家とかみ合った会話にはならず、「腑に落ちない」が繰り返されてしまいます。逆に言えば、フレーズに込められた意図さえ知っていれば、投資家との会話で困ることはありません。

経営の世界では、市場経済の原理、つまりグローバル投資家の視点を理解することが成功をもたらす大きな要因になります。良質な投資家との対話を通じて得られる洞察は、価値創造における新たなアプローチを見つけるヒントになります。この本では、金融の専門知識がない人々でも投資家との対話が簡単にできる「共通言語」について説明をしています。いわば、投資家との対話のハードルを下げるための指南書です。

※1　ファンドの運用責任者。ポートフォリオマネジャーとも呼びますが、本書では「ファンドマネジャー」で統一しています。

※2　主にスタートアップ企業に投資する投資家。ベンチャーキャピタリストとも呼びますが、本書では「ベンチャー投資家」で統一しています。

それではなぜグローバル投資家の視点が大事なのでしょうか？　理由は主に2つあります。一つは標準化されたコーポレートファイナンスの視点であること、もう一つはリスクのとり方を学べることです。

多くの日本企業は経営の現状認識やベンチマーク[※1]のとり方に一貫性がなく、特にコーポレートファイナンス面では管理会計やベンチマーキング[※2]方法が標準化されておらず、独自の手法に依存しているのが現状です。グローバル投資家は金融の専門家であり、数多くの企業との接触を通じて市場全体を俯瞰《ふかん》し、収集した情報を「標準化」して企業を評価しています。その視点から日本企業が得ることはとても多いと思います。

また、企業の経営判断は常に確実な状況で実施されるのではなく、しばしば30〜70％の確度で行われます。常に「リスクをとる」状況下であり、経営者は、そうした状況下での判断力や評価スキルが求められます。しかし、多くの日本の経営者は、「不確実性が少しでもある場合は判断を避ける傾向があるか、逆に何が分からないのかを理解せずに大き過ぎるリスクを負う」という両極端な行動パターンが見られます。

※1　パフォーマンスの基準として使われる指標や基準。投資、製品、サービスなどの効果や品質を評価し比較するために使用されます。

※2　組織の成果を業界の最良の実践や他の組織と比較するプロセスです。

グローバル投資家は、情報がそろっていない中で判断をする訓練を受けており、その結果として、すべてのアイデアを批判的に見る一方で、気づきにくい大きなポテンシャルを見つけることができます。グローバル投資家の発するフレーズには、どのようにしてリスクと付き合えばよいのか、そのエッセンスが詰まっています。

誤解がないようにしたいのですが、私たちは、欧米の資本主義や価値観を推奨しようとしているわけではありません。私たちがお伝えしたいのは、ちょっとした違いについてです。相手の視点を理解することによってコミュニケーション上の「ずれ」をなくし、いくつかのＴＷＥＡＫ（小さな調整）をすることによって、グローバルなビジネスの場で新たな成功をもたらす可能性が高まると考えています。

資本主義に基づいた思考を理解することは、ビジネスの相手が何を考えているかを知ることにつながります。世界の市場では、多様な文化や価値観が存在しますが、資本市場の思考は一種の「グローバル共通言語」として機能しています。この「言語」を理解して話すには、深いコンテキストと背景知識が必要です。ビジネスパーソンがこのグローバルな資本市場の言語を習得し、自社の事業や戦略を適切に伝え、調整することで、異文化間のギャップを埋め、企業価値の最大化につながるのです。

本書の目的は、金融専門用語を解説したり、投資手法の伝授や株価対策の指南をしたりすることではありません。また、投資家が投資プロセスや企業・起業家との面談において発するフレーズを網羅したものでもありません。いくつか選んだグローバル投資家のフレーズを通じて、資本主義のエッセンスを伝えることです。

概念をより理解しやすくするため、特定のシーンを例として取り上げています。これは、ポイントを明確にし、概念を容易に理解するために設定した架空のものです。業界に精通している読者ならこれらのシーンが非現実的であったり、短絡的に感じられたりすることがあるかもしれませんが、理解しやすくするための工夫と考えてください。

本書の第1章と第2章は主にベンチャー投資家のフレーズ、第3章と第4章は上場株式投資家のフレーズ、第5章はガバナンスに関連するフレーズです。

第1章の主な舞台はベンチャーキャピタル（以下「ＶＣ」と記載します）のオフィスで、スタートアップの起業家がピッチをする際に発せされる投資家のフレーズです。事業は仮説から始まること、そして投資家がその仮説の実現可能性や持続性を図るために聞く質問を中心に「新規事業が成功するために必要な要素」を解説しています。第2章は、ベンチャー投資家同士の会話で交わされるフレーズ。この章ではベンチャー投資の生態系、そしてベンチャー投資家特有の「判断」の背景について解説します。

第3章は、グローバル投資家がＩＲ面談[※1]で聞く際に出るフレーズです。面談での質問は、事業に関係するものから資本の話、ガバナンスまで多岐にわたりますが、本章では、資本の話にフォーカスをします。第4章は、アルファ[※2]の創出を目標に資金運用をしているファンド社内の投資会議で出るフレーズです。投資対象を精査する過程における、グローバル投資家の着眼点を通じて解説します。

第5章は、ガバナンスについて触れています。近年、東京証券取引所のガバナンス改革が進んでおり、世界中から日本が成長のけん引役として注目されています。株主（所有者）と経営者（エージェント）の間には、利害が一致しないことがしばしばあり

※1　ＩＲとはインベスター・リレーションズの略で、企業が株主や投資家に対し、財務状況などの情報を提供していく活動全般を指します。ＩＲ面談とは、ファンドマネジャーなど投資家との面談のことです。

※2　アルファとは、一般に投資業界でファンドマネジャーのスキルを測るために使われる指標です。該当ファンドのリターンと、ＴＯＰＩＸやＮＩＫＫＥＩ225のリターンの差で測るのが一般的です。例えば、ある日本株式ファンドのリターンが12％で、ＴＯＰＩＸのリターンが10％であれば、アルファは2％となります。

ます。コーポレートガバナンスとは、株主の権利を守るための制度です。このような制度がなぜ必要かについて、投資家の視点から解説しています。

世間的にはベンチャーの世界と上場株式の世界は真っ二つに分かれているのが現状です。ベンチャー投資家は未上場でまだ若いスタートアップに投資するのに対し、上場株式投資は上場後の企業に投資をします。企業の大きさや成熟度が異なれば、分析の視点や投資判断に伴う考え方、投資期間などは異なります。

ただ、どちらもファンドを運用し、投資をする点では同じです。投資プロセスも似ていて、潜在投資先の選択、調査分析、投資判断、投資先のモニタリング、そして売却という流れです。

どんな企業も最初はスタートアップです。様々な機会を捉え、厳しい生存競争を乗り越えて成長していきます。その中でも、外部から積極的に資金や人材、ノウハウなどの事業資産を調達し、成長を加速する企業群があります。VCバック※のスタートアップがそれに該当し、多様な投資家が成長過程に伴走し、企業の発展を支援してい

※　詳しくは第2章で説明しますが、VCから資金を得ていることを「VCバック」と呼びます。

ます。

企業のライフステージが進むにつれ、付き合う投資家や受け入れる資金の性質は異なるのですが、一貫して通じるプリンシプル（原則）を言語化して伝えることができれば、日本企業の価値向上に貢献できるのではないかと考え、異なる世界をあえて1冊の本にまとめています。

本書は最初から順番に読む必要はありません。気になったフレーズから目を通してみてください。お勧めは、大きな企業や成熟産業の関係者はスタートアップに関する第1章と第2章から、スタートアップ関係者は上場株式投資に関する第3章と第4章から読むことです。普段とは異なる状況に触れることで、きっと視野を広げることができるでしょう。

この本が読者の皆様に新たな視点を届け、日々のビジネスやキャリアにおいて、新たな発見や成功のきっかけとなれば幸いです。

目次

第2章 スタートアップ　ベンチャー投資家同士の会話

第3章 上場企業　ＩＲ面談

第4章 上場株式投資　ファンド投資会議

第5章 ガバナンス

第 1 章

スタートアップVCへのピッチ

I-I

Your idea is not part of my investment thesis

まず、仮説ありき

情熱を持った起業家マヤと共同創業者アレックスは、シリコンバレーで教育用ＶＲ（仮想現実）技術の開発に取り組むスタートアップ、エデュバーチャル社を立ち上げました。この革新的な技術は、学習方法を変革し、インタラクティブな教育体験を約束します。しかし、資金調達に苦労していた彼らは、テックスタートアップの投資で知られるベンチャー投資家、イーサンにアプローチします。彼らは何カ月もの準備の末、イーサンとのミーティングを設定し、成功の予感に満ちたピッチを行います。

ただ、イーサンは最後まで聞いた後、次のように言って去っていきました。

Your idea is not part of my investment thesis

日本語にすると「私の投資仮説とは違う」となり、このフレーズに込められている投資家の意図は「まず、仮説ありき」です。「投資仮説」とは字のごとく「投資に対する仮説」であり、ベンチャー投資家であれ、上場企業を担当するファンドマネジャーであれ、プロの投資家であれば必ず持っています。プロは自分の投資仮説に基づいて判断しますので、たとえ事業プランが客観的に素晴らしくても自分の投資仮説と違っていれば、その案件に投資することはありません。つまりこのフレーズは、残念ながら「投資家からのＮＯ」を意味します。

ＮＯを突きつけられ士気が一瞬低下したマヤとアレックスは、気を取り直し、ネットワークを駆使して教育技術に情熱を持つ新しい投資家ノラを見つけます。ノラはイーサンとは異なり、エデュバーチャル社の教育変革の使命に大きな価値を見いだし、ノラの投資とメンターシップにより、エデュバーチャル社は新たな活力を得て、革新的なアプローチで業界から賞賛を受け勢いが増していきます。

ビジョンと目標を共有する適切な投資家を見つけられたことにより、大きく飛躍することができたのです。

「投資仮説」という言葉は、投資家に向けた問いや、投資家同士の会話にもよく出てきます。投資家同士の議論では、各自が持っている投資仮説の検証や、投資仮説を立てる材料を探していることが多いのです。

投資仮説の立て方

「投資仮説」は、投資家が様々なことを判断するための戦略的枠組みです。これは、投資家が関心を持つ産業、分野、セクター、企業の成長ステージ※、地域、投資金額などを定義するクライテリア（基準）に基づき、スタートアップの広大な世界を効果的にナビゲートするロードマップとなります。

投資仮説にはトップダウンとボトムアップの二つのアプローチがあります。トップダウンは、世界のトレンドや技術動向を基に、将来的に産業構造がどのように変化し、どのようなサービスが求められるのかを予測します。一方のボトムアップは、個々の企業の戦略や資本政策、経営戦略を基に、投資リターンにつながるかを考えます。

一概にどちらのアプローチが良いとは言えず、投資家のカテゴリー※、業界、企業の成長ステージによって適切なバランスが求められます。

※ シードステージ、アーリーステージ、レーターステージなどがあります。

※ 投資家のカテゴリーとして、アセットクラス（上場株、プライベートエクイティー、未上場株、インフラ向けなど）や、投資スタイル（バリュー、グロース、インカム、セクターフォーカス、マクロ、ミクロなど）など様々なタイプに分けられます。

投資仮説を構成する視点には、マクロ環境の変化を捉える視点、その変化が産業・企業・消費者に与える影響分析、成長戦略の立案、リターン獲得や企業価値向上への貢献方法のシミュレーションが含まれます。

例えば2020年から猛威を振るった新型コロナウイルスによって、人々のライフスタイルや消費動向は大きく変わらざるを得ず、そうなるとどのような産業やサービスが生まれるのか、新たな投資仮説が立てられました。実際、「リモートワークを余儀なくされ、オンライン会議ツールの需要が増える」といち早く仮説を立てた投資家は、ズーム・ビデオ・コミュニケーションズ社の株価高騰によって巨額の利益を得ています。金融緩和やインフレを背景に生まれる新たな金融ニーズに応えるフィンテック企業に投資しようと考えた投資家もいました。

最近では、チャットGPT※のようなジェネレーティブAIの進化によって、どのようなサービスや投資機会が生まれるのか、それぞれの投資家が仮説を立てています。また、新しい情報や市場の変動に応じて、投資仮説を進化させ、より深い洞察を得るにつれて投資戦略を進化させていきます。グローバル投資家は、不確実性をナビゲー

※ オープンAI社によって開発された生成AI（ジェネレーティブAI）。生成AIとは、コンピューターが学習したデータに基づいて、文章・画像・音声・プログラムコードなどを生成するタイプの人工知能のことです。

トし、新たなトレンドに敏感で、予期せぬ機会を活用するために迅速に適応・調整していきます。

マーク・アンドリーセン氏の有名な投資仮説

有名な投資仮説を一つ紹介しましょう。2011年にウォール・ストリート・ジャーナル誌に寄稿された以下の文です。

Why software is eating the world ／なぜ世界はソフトウエアに飲み込まれるのか

寄稿したのは、ツイッター（現X）社やフェイスブック（現メタ・プラットフォームズ）社に投資してきたことで知られる米国有数のVC、アンドリーセン・ホロウィッツ社の共同創業者マーク・アンドリーセン氏です。

この仮説が意味することは「ソフトウエア企業が経済の大部分を占有することになり、小売り、運輸、石油・ガス、農業、金融、ヘルスケアや教育、国防に至るまで、あらゆる産業は事業構造の転換を余儀なくされるだろう」というものです。この記事は投資家の間でも大きな話題となり、「Why software is eating the world」という言葉は様々な場面で引用されるようになりました。その後10年間の変遷を見れば、アンドリーセン氏の仮説が実現したことは明らかです。

アップル社やアマゾン・ドット・コム社によって、出版・音楽業界や小売業界が大きく変わっただけでなく、スマートフォンひとつで決済できるようになったことで、これまで駅前の一等地にあった銀行の支店は姿を消しつつあります。かつてスマートフォンのようにソフトウエアによって制御されることはなかった自動車業界も、電気自動車メーカーであるテスラ社によってその概念が変わりつつあります。従来の自動車業界ではソフトウエアは二次的な要素と見なされていましたが、テスラはソフトウエアを核として、自動車の作り方の概念そのものを変えました。

この記事が書かれた当時、アップル社の時価総額は約３５００億ドルでした。ちょうどエクソンモービル社と米国企業時価総額ランキングの首位争いをしていた頃です。本書を執筆している２０２３年12月現在、アップル社の時価総額は３兆ドルを突破しており、この記事が書かれたときにアップル株を買った投資家は８５０％のリターンを得られたことになります。

投資仮説を公表する意味

自分の投資仮説を公表するベンチャー投資家は一定数います。投資家のブログやＳＮＳをチェックすれば、その投資家がどんな投資仮説を持っているかをつかむことができます。

投資家の投資仮説を知ることは、その投資家が世の中の変化をどのように捉えているか、どこにビジネスチャンスを見いだしているかを知るということです。グローバル投資家の投資仮説を基に、今後のトレンドを予測することもあります。

ではなぜ、投資家は自分の投資仮説を公表するのでしょうか。それは、自身の発信力（Thought Leadership）を強化するだけでなく、投資先企業のソーシング（発掘）につながるからです。ベンチャー投資家は、将来のＸ社やメタ・プラットフォームズ社になるかもしれないスタートアップを絶えず探しています。投資仮説を公表しておけば、「仮説に共感したので投資してほしい」という経営者が現れる確率が高まるので、投資仮説の精度向上に努め、堂々と公表しているわけです。

投資仮説は世界観

投資仮説を発信することは、「こういう世の中になってほしい」というビジョンを明らかにすることでもあります。発信を通じて賛同者を募ることもできるでしょう。この場合、投資家はアクティビスト※のような立ち回りを担うこともあります。

プロの投資家であれば、必ず投資仮説を持っているとお伝えしました。それは投資で利益を上げるために世の中の動きを正確に予測する必要があることはもちろんですが、より正確にいうなら、優れた投資家であるほど「こういう世の中になってほしい」という世界観があるということかもしれません。つまり、まず世界観ありきで、投資は、それを実現する手段に過ぎないのではないかと思います。

※ 企業の経営陣に積極的に意見を言う株主。いわゆる「物言う株主」。

投資と投機

日本では、しばしば「投資」と「投機」が混同されているように感じます。投資とは、事業の将来性に資金を投じて、長期的な利益を得ようとするものです。一方、投機は、短期的な相場変動から利益を得ようとするものです。つまり投資する場合には、本来であれば、その事業が将来なぜ価値を持つのかという青写真が必要だということです。

これは株式投資の起源を考えてみれば、むしろ当然のことかもしれません。そのルーツは、1602年にオランダで設立された東インド会社とされています。インド以東のアジア地域を開拓し、貿易したいという青写真があり、その実現に向けて、株式会社という形態で出資を募ったわけです※。

つまり、どのような世界観を実現したいのかという仮説がまずあって、起業家と伴走してお金が回る仕組みをつくり、応援者を募り、仮説を実現していくことこそ投資家の本来の仕事だったのだろうと思います。

※　植民地経営の是非はともかくとして。

出資後を見据えよ

資金調達で投資家に会う際には、投資家の投資仮説を把握しておくことが大切です。自社事業のアピールすべきポイントが明確になることはもちろん、今後、この業界・サービスが成長していくという仮説が一致する投資家と組むことで、出資後も同じ世界観を共有して企業価値を高めていけるはずだからです。

I-2

Who has already invested?

良質な投資家は信用を補完する

起業家がＶＣのオフィスでプレゼンテーション（以下「プレゼン」と記載）を始めたところ、あるスライドを映したとたん、ベンチャー投資家はプレゼンを遮ってこう質問しました。

Who has already invested?

日本語にすると「誰が投資しているか？」となります。「既存株主は誰ですか？」「資本政策表（Cap Table）を見せてください」などの聞き方をする場合もあります。このフレーズに込められている投資家の意図は、「良質な投資家は信用を補完する」です。

ベンチャー投資家がプレゼンを遮ったときに映していたのは、会社概要のスライドでした。そこには「資本金」の額は掲載されていたのですが、どこからの出資なのかの記載がなかったのです。それを見たベンチャー投資家は「大事な情報が書いてない」と判断し、プレゼンを遮ってまで質問したというわけです。

ベンチャー投資家が知りたかったのは資本金の「額」よりも「出資者」なのです。「誰が投資しているか」という情報は、ベンチャー投資家にとって、投資可否を判断する際の重要な情報である場合が多いのです。

日本では、起業家が作るプレゼン資料に「誰が投資しているか」という情報を記載していないことが多く、その代わりなのか、多くの資料でよく見るのは本社住所や沿革、資本金の額といった企業概要です。正直に言えば、ベンチャー投資家はそうした情報をあまり重視していません。

資本金とは何か

一般的には、「資本金が大きいと立派な会社である」という印象がありますが、それは貸付などを行う銀行の見方であり、実は株式の投資家と銀行では、「資本金」の位置付けが異なります。

銀行にとっての資本金※はいざとなったら返済に充てられるお金であり、「信用のバロメーター」です。銀行からお金を借り入れるのであれば、資本金が多いほど貸し倒

※ 厳密に言うと資本金から利益や損失が足されたり引かれたりした純資産。

れリスクは減ります。個人でローンを申し込んだり、不動産契約をしたりする際、勤務先企業の資本金を記入させられると思いますが、それは「企業の資本金の多さ＝企業の信用度」と考えられているためです。

一方、赤字を掘って事業の成長に投資するスタートアップにとって、資本金は「信用のバロメーター」ではありません。

ベンチャー投資家は、スタートアップの将来の成長潜在力に焦点を当てます。過去や現在の数値より未来の成長の確度に注目します。資本金や純資産などの財務指標ではなく、企業価値を飛躍的に高める可能性を見極めようとするのです。

また、最近の日本では、スタートアップが資本金の減資を行うことがよくあります。資本金が1億円以下だと法人事業税（外形標準課税）が課税されないメリットがあるため、資本金を減らすことで節税などにつなげるのが目的です。

スタートアップにとって資本金は「信用のバロメーター」ではないので、資本金の額には意味がありません。見極めたいのは将来性であり、そのためにベンチャー投資家が注目するのは「資本金を調達したプロセス」なのです※。それが「誰が投資しているか？」という質問になるわけです。

スタートアップの信用は「エンドースメント」

国内でも海外でも、投資先を何度も上場に導いた著名なVCがあります。エンジェルと呼ばれる個人投資家もいます。「このVCが出資しているなら、厳しい投資プロセス※を通っているので将来性がありそうだ」「経営陣も信頼がおけるだろう」と判断されやすく、投資を検討する上で好材料になります。つまり一定のフィルタリングはされていると見なされるのです。

海外では、セコイア・キャピタルやベッセマー、ベンチマークキャピタルなどの著名VCのほか、バイオテックならアーチ・ベンチャー・パートナーズ、フィンテックならリビット・キャピタルというように、それぞれの産業領域に強みを持つVCがあります。こうしたところが株主に名前を連ねていると、「より安心」という心理が働

※　実際には資本金よりも合計調達金額を知りたく、スタートアップの想定時価総額、成長が順調なのか苦労しているのか、起業家の評価（集める力と集めた資金で成長させる力）を計ることはあります。

※　経営者や事業モデルのデューデリジェンス（投資先調査）や投資委員会での決裁のこと。

くのが実情です。

この「より安心」を日本語にすれば「信用」となりますが、前述した「信用のバロメーター」の「信用」とはニュアンスが違ってきます。英語では「endorsement（エンドースメント）」と表現します。「支持」や「支援」という意味で、語源は「裏書き」です。かつては小切手などの裏に署名することで信用力を保証していたように、「あの投資家が出資するならより安心」という信用が生まれるわけです。

信用を得られる投資家

では、どのＶＣから調達すると効果的なのでしょうか。

（相性が合うことを確認した上で）客観的な実績とレピュテーション※1が高いＶＣではないでしょうか。ＮＶＣＡ※2に登録されているＶＣだけで１２００社程度あるとのことです。米国ではフォーブス誌が発表している「マイダスリスト」という、米国のＶＣ業界において、最も成功したベンチャー投資家を表彰する年次リストがあり

※1　評判の意。
※2　全米ベンチャーキャピタル協会。

ます。マイダスリストは、ＶＣ業界での成功、次の世代への影響力、イノベーション、リターンなどを考慮して選出しています。マイダスリストは１００人程度なのでアクセスすること自体が困難かと思われますが、一つの参考になります。

一方で、狭い業界であるため、ほかの起業家やＶＣからレピュテーションを確認することもできます。ＶＣがどのような支援をしてくれるのか、アドバイスの的確さや、ネットワークの豊富さなどを確認することができます。

株主の質は経営者の質

スタートアップでは多くの場合、ベンチャー投資家が株主であると同時に、コーチのように起業家と二人三脚で企業を成長させていく役割を担います。優秀なベンチャー投資家は、豊かな経験やネットワークを持っています。そうした知見を投資先企業に還元したり、自身がメンターになることがあれば、有用な取引先やメンターに起業家を引き合わせたりすることで、価値創造力を高めていくことも、ベンチャー投資家に問われる能力の一つです。

日本ではそこまでではないものの、アーリーステージの段階で戦略的にレピュテーションの高いベンチャー投資家から資金調達する起業家も現れています。少し極端に聞こえるかもしれませんが、「株主の質は起業家の質」です。特に米国では、誰が株主に入っているかということは、企業のブランディングに直結します。

国内に目を向けると、創業時に良い投資家から投資を受けたスタートアップは、そこを足掛かりとして、その後も良質なネットワークに恵まれる一方、「とにかく資金調達できればいい」とばかりにあちこちの投資家から資本を入れてしまうと、その後の資金調達に苦労してしまっているように見受けられます。

スタートアップに限った話ではありませんが、良質なコミュニティーに所属したいのであれば、最初の紹介者が肝心です。

よく「お金には色がない」と言いますが、これは半分正解で、半分間違いというべきでしょう。もちろん、お金そのものに色はありませんが、たとえ出資額が同じだったとしても、「誰」がその企業の将来性を信じて出資したのか、どのようなステーク

※ 利害関係者のこと。

ホルダー※がいる企業なのかということは、その企業の将来性や信用力に大きな違いをもたらすからです。

1-3

What's the why now factor?

明確な成長ドライバーは必須要件

事業プランに興味を持ったベンチャー投資家は、起業家に向けて、最後にこう質問することがよくあります。

What's the why now factor?

「なぜ今なのか？」と起業家に問うており、このフレーズには「明確な成長ドライバーは必須要件」なんだという投資家の意図が込められています。

事業の成否を左右する「レディネス」

市場に出るのが早過ぎても遅過ぎでも、初期の普及フェーズを逃してしまうリスクがあります。事業はタイミングがとても大事で、タイミングが早過ぎるとうまく事業を軌道に乗せることができずお金をバーン（燃や）し続けることになりますし、遅過ぎると成熟市場への参入となり、シェアの獲得は困難を極めます。タイミングが合っていなければ、成功は遠ざかってしまいます。

例を挙げましょう。ライドシェアサービスは今では多くの人が利用していますが、ジムライド社が2007年にローンチした際※1、なかなか利用者は増えませんでした。GPS※2はありましたがスマートフォンは今ほど普及しておらず、ライドシェアに対する社会的許容性も低く、シームレス決済などのインフラも整っていなかったからです。ウェブバン社がオンラインスーパーを始めたとき、消費者は食品などをオンラインで購入することに、まだなじみがありませんでした。イー・トイズ社がオンラインのおもちゃ屋を始めたとき、現在のアマゾン・ドット・コム社のような物流インフラがありませんでした。セグウェイは個人の新しい移動手段として非常に注目されましたが、東京都内に受け入れるインフラが整備されていませんでした。いずれも、タイミングがずれていたために、事業は失敗してしまったのです。

投資家が「なぜ今なのか?」を確認する観点はいくつもあり、「準備」という意味の「レディネス」という言葉を使います。「マーケットレディネス」は市場ニーズのこと。「テクノロジーレディネス」とは、事業化に欠かせない要素技術が成熟しているかどうかを意味します。ネットを使ったサービスなら高速インターネットやモバイル、決裁システムなどの整備が重要になります。法律変更などの「法的なレディネス」、社会的

※1 2012年、「リフト」にリブランディング。
※2 グローバル・ポジショニング・システムの略。衛星を使って位置を把握する仕組み。最近のスマートフォンには搭載されています。

価値観のシフトや文化的なトレンドの変化などと関連する「社会的なレディネス」もあります。

投資家にとっての時間軸

投資家の「なぜ今なのか？」の問いに、あなたならどう答えますか？

出資を得たいなら、投資家の「投資ホライズン」と事業が合っていないといけません。投資ホライズンとは投資期間のことですが、それはお金の「時間価値」が大きく関係します。時間価値とは、将来価値と現在価値の差分のことです。長らくデフレが続いた日本では想像しにくいのですが、インフレが10％の国においては今の1万円は5年後の約６２００円※であり、今のほうが実質的な価値が高いのです。お金の現在の価値と将来の価値は同じではありません。

国が発行する国債の金利を投資家は「リスクフリーレート」と呼びます。米国のリスクフリーレートが約5％とすると、何もせずに年利5％を受け取れるわけですか

※ インフレ率10％が5年間続くと、今の1万円のモノは5年後に約1万６１００円になりますので、1万円の貨幣の実質的価値は約６２００円に低下します。

ら、機関投資家はそれ以上のリターンを得ないと割に合わなくなるのです。この超過リターンのことを「リスクプレミアム」と言います。

このような時間価値の概念は、投資家がどこに資金を投入するかを決めるときの基本的な要素となります。日々売買されている上場株式のファンドマネジャーと比べ、VCの投資ホライズンは比較的長いとされています。ただ、VCにもいろいろあり、リターン目的の機関投資家などから外部資金を預かっているVCは、リターンと回収期間の目安を出資者に示しており、一定の期間で高いリターンを求めます。

一方で、ディープテック専門のVCや創薬バイオベンチャーなど、製品の完成や認可取得までに時間がかかる分野では、15年以上の投資期間を設定しているところも少なくありません。特に、創薬バイオベンチャーでは、医薬品が市場に出るまでに10年以上の期間が必要とされることが一般的です。また、エンジェル投資家や一部の事業会社のように明確な投資ホライズンを持たない投資家もいます。

指数関数的なグロースの源泉

冒頭のフレーズに込められている投資家の意図は「明確な成長ドライバーは必須要件」であると説明しました。それを確認するために、投資家は続けて次のように質問することがあります。

Is there any tailwind?

直訳すると「追い風は吹いている？」となります。投資タイミングが「今」であることを確認するために、「指数関数的なグロースをドライブする※源泉は何ですか？」と聞いているのです。

スタートアップが倍々の成長を実現するには「グロースの源泉」が必要です。例えば、テクノロジーの進化や脱炭素などのトレンドの変化によるルールチェンジによって既存市場が大きく変わるとき、ルールチェンジを味方につけることができれば、それは

※ 成長をけん引するの意。

グロースの源泉になります。そうしたグロースの源泉を「追い風」として聞くのです。

例えば、メルカリ社やウーバー・テクノロジーズ社は、スマートフォンシフトを事業の「追い風」として急成長しました。それまでネットオークションに強い企業がありましたが、メルカリ社は、商品の撮影から出品、代金受取まで、スマートフォンだけで完結できることを強みに、一気に普及しました。

ウーバー・テクノロジーズ社も同じです。前述したようにライドシェアビジネスはすでに提供されていましたが、スマートフォンが普及し、GPSを使った位置情報サービスが利用可能になったことで一気に利便性が向上し、広まることになったのです。

テクノロジーの進化のほか、規制緩和も事業の追い風になります。例えば、2000年に始まった証券会社の売買委託手数料の自由化によりコストを下げたオンライン証券が次々と設立され、結果的に証券会社の構造変化につながったのです。

ビズリーチ社は、人材の流動化を政府が後押しした潮流に乗って大きく成長しました。外国人労働者の派遣事業であれば、人手不足がグロースの源泉になるでしょう。法律やテクノロジーなど、マクロ環境が変化するとき、大きなルールチェンジが生まれます。

追い風が吹いているのは限られた期間のみとなる場合が多いので、常に外部環境の変化に注意を払い、敏感であることが重要です。そのため、機動性があるスタートアップが有利であるケースが多いのです。合理的なビジネスモデルがあり、起業家に意欲があり、さらに追い風が吹いている。そう判断できる場合、魅力的な投資案件となるのです。

I-4

What's your playbook for success?

上達の近道は良い「型」を学ぶこと

ある高層ビルのオフィスで、若き起業家の山本明は、彼の人生で最も重要なピッチに備えていました。テーブルの向こう側には、鋭いビジネス感覚と厳しい投資判断で知られる著名な投資家、ブラッドが座っています。

山本のプレゼンは完璧で、市場の可能性、技術的な優位性、収益モデルを示します。プレゼンを最後まで熱心に聞いていたブラッドは、納得するような表情を見せた後、真剣な顔に変わり、次の質問をします。

What's your playbook for success?

直訳すると「あなたのプレイブックを教えてください」となります。山本は質問の重要性に気付いて息をのみ、静かに話を始めます。

まず、成長市場のニッチなセグメント※をターゲットにした明確なビジネスモデルについて話し、効率的なリソース管理と、市場の需要の変化に適応できるリーンかつダイナミックなチーム構造を含む運用戦略について説明しました。

※　顧客区分の意。

次に、デジタルマーケティングや戦略的パートナーシップを通じた顧客獲得に重点を置いた成長戦略について詳述し、コンバージョン率[※1]を最大化するために設計された独自のセールスファネル[※2]を強調します。続けて、予算編成、キャッシュフロー管理[※3]に対する慎重なアプローチと、資本希薄化を避けながら成長を維持するための資金調達ラウンドの計画など、ファイナンスについて説明しました。

山本の説明は続きます。プロダクト開発について、顧客のフィードバックとデータ分析に基づいた製品の反復的な改善のロードマップ[※1]を概説し、製品が市場のニーズに合わせて継続的に進化することを保証し、さらに、人材と企業文化の重要性に触れました。彼は自分のビジョンと情熱を共有するチームを構築することへのコミットメント[※2]と、協力的で革新的な職場環境を育成する戦略を強調します。

彼は顧客サービスとサポートのアプローチを結びつけ、顧客の維持とオーガニック[※1]な成長のための役割を説明し、包括的なリスク管理計画を用いてコンプライアンス[※2]と運用のレジリエンス[※3]を保証することを強調しました。

※1 ウェブサイト訪問者が目的のアクション（購入など）を完了する割合のこと。
※2 顧客の購入プロセスを段階的に分けたモデル。効率的に顧客を獲得するために用いられます。
※3 資金管理のこと。

※1 プロジェクトを達成するための計画や戦略を時系列で示したものです。
※2 約束の意。

※1 有機的の意。
※2 法律、規制、基準、倫理的ガイドラインに従うこと。
※3 困難やストレスの状況に直面した際に迅速に回復し、適応する能力のこと。

山本が話を終えると部屋は一瞬静まり返り、ブラッドはうなずき、こう発言します。

「インプレッシブ※です、山本さん。あなたのプレイブックは、ただのビジョンではなく、実行する能力を示しています。私たちが投資に求めるのは、まさにそれです」

その時、山本はスタートアップの船出において重要な第一歩、著名な投資家からの出資を勝ち取ったのです。

プレイブックとはベストプラクティス

先のフレーズに込められている投資家の意図は、「上達の近道は良い『型』を学ぶことです。ブラッドはそれを確認するために、「あなたのプレイブックを教えてください」と聞いたのです。

プレイブックとは、アメリカンフットボールなどのチームスポーツで使われ、勝利のための戦略集を指す用語です。

※　驚くほど印象的の意。

ビジネス用語としてのプレイブックは、企業がビジネスの特定の側面にどのように取り組むべきかを概説する体系化されたガイドや戦略セットです。これは、過去の経験や成功に基づき、時間をかけて開発されるゲームプランやベストプラクティスの集約です。その目的は、成長の加速や、ビジネスが直面する様々な状況への対応方法を提供することです。

成熟した事業を持つ企業は、自社の過去の経験にベストプラクティスがあるとされ、基本的にはプレイブックを必要としません。プレイブックを必要とするのは、本業が確立されていない、あるいは、経験のないスタートアップです。スタートアップの事業モデルは仮説に過ぎないため、仮説の検証とその結果の分析が不可欠です。体系化されたプレイブックを用いることで、効率よく業務を進めることが可能です。

成熟したエコシステムではナレッジ※共有が広く行われており、成功したスタートアップはしばしば自社のプレイブックを公開し、他の企業が集合知として参考にできます。

※ 知識、知見、知恵の意。

公開されているプレイブックには、ビジネスモデル構築、市場参入戦略、日々の運用の効率化、顧客獲得、成長戦略、マーケティング、セールス、資金調達、財務管理、製品開発、人材マネジメント、採用、企業文化の構築、顧客満足度の維持、リスク管理とコンプライアンスなどがあり、成功するビジネス運営に必要な多岐にわたるアプローチが見つかります。多数のＶＣが公表しており、最も有名なものの一つがYCombinatorの頃にサム・アルトマン氏（現オープンＡＩ社創業者兼ＣＥＯ）が公表したStartup Playbookです※。

プレイブックはスタートアップの状況や業界、ビジネスモデルに応じてカスタマイズする必要がありますが、これらを活用することで、スタートアップは成功への可能性を高めることができるのです。

プレイブックは陳腐化する

米国の著名な投資家であるピーター・ティール氏※はこう言っています。

※　出所：https://playbook.samaltman.com/。YCombinatorは、シードアクセラレーターの名門として知られます。これまで４０００社以上に出資し、エアビーアンドビー社やドロップボックス社、ストライプ社などを輩出しています。出資した企業の時価総額を合計すると約90兆円を超えています（２０２３年12月現在）。

※　投資家兼起業家。電子決済サービス、ペイパル社の創業者。

「今日のベストプラクティスは行き詰まりにつながる。最善の道はまだ新しく、試されていないのだ」

「プレイブックは陳腐化することもある」という意味です。プレイブックは、あくまでも現在ワークしている仮説に過ぎず、自社に、そして時代に最適なのか、常に検証し続けることが大事なのです。

1-5

What’s your Go-To-Market strategy?

いい商品も売れなければ価値はない

グローバル投資家がスタートアップの起業家に尋ねる定番フレーズがいくつかあります。１つ目はこれです。

What's your Go-To-Market strategy?

「Go-To-Market」（以下「ＧＴＭ」と記述）とは、市場に新規参入する際の「再現性のある営業プロセス」のことを指し、より具体的には適切な顧客セグメントのターゲティング、流通とマーケティングのための適切なチャネルの選択、価格戦略の設定、販売戦術の開発が含まれます。成熟した企業にとってＧＴＭはなじみのないコンセプトかもしれませんが、成長期のスタートアップは売り上げの80～１２０％が販促活動に使用されるといわれています※。効果的なＧＴＭの構築は、スタートアップがスモールビジネスにとどまるか、成長ベンチャーへと進化していくのかの分かれ目なのです。

新規事業では市場の選択やプロダクトの開発など、様々なことが必要で、どれも難度が高いですが、その中でも特に日本人が苦手とされるのがＧＴＭの構築です。日本企業では従来、人間関係に基づいた営業が主流だったため、再現性のある営業プロセ

※ 出所：https://tomtunguz.com/saas-marketing-spend/

スを一から構築した経験を持つ人が少ないとされています。

文化的な影響も難度を上げています。米国のスタートアップでは、面白い製品や評価の高い製品を「試しに使ってみる」ケースが見られますが、リスク回避傾向の強い日本の企業、特に大企業では新しい取引相手に対して慎重になる傾向があります。

この背景から、特に大企業への営業では、セールスサイクルが非常に長くなることが多く、事業の立ち上げに時間がかかります。長いセールスサイクルは市場参入の障壁となることもありますが、それを利用した独占的な地位を築くことも可能です。しかし、長いセールスサイクルは多額の運転資金を必要とし、計画が不透明になることや、少数の顧客への依存度が高まるリスクも伴い、ビジネスの高速拡大を難しくします。そのため、セールスサイクルを正確に把握することは、大きなビジネスリスクを避けるために非常に重要です。

ＧＴＭはプロダクトに合っていないといけない

ＧＴＭは一度構築すればいいわけではなく、プロダクトが違えば、プロダクトに合ったＧＴＭであることが求められます。あるスタートアップは、ファーストプロダクトとして大企業の人事部門を対象としたソフトウエアを開発し、ＧＴＭを構築して多くの顧客を獲得することに成功しました。そこでさらなる成長を目指してセカンドプロダクトを開発することになり、実績のある人事部門向けソフトウエアを開発したのですが、営業活動は思うように進展しませんでした。

なぜなのかをファーストプロダクトのユーザーにヒアリングしたところ、「うちの人事システムは複雑で御社のソリューションは役に立たないよ」と言われてしまったのです。セカンドプロダクトは大企業向けではなく中堅・中小企業向けの機能になっており、ファーストプロダクトのＧＴＭとは合っていなかったのです。

大企業向けプロダクトと中堅・中小企業向けプロダクトでは、マーケティング手法も営業チームの構築方法も異なります。エンタープライズ（大企業）向けの営業チームは少数精鋭がふさわしいですが、中堅・中小企業向けとなると人海戦術的なアプローチが必要となります。プロダクトに適したＧＴＭでなければ意味がないのです。

最適なＧＴＭは変わっていく

最適な販売チャネルは、ユーザーの状況やマーケットレディネスによっても変わります。例えば、株式の売買は、従来は営業担当者との電話での取引でしたが、インターネットの普及によりインターネットチャネルに一気に変わり、今では90％以上となっています。個別株式の売買においてはオンライン証券がシェアをとっていきました。

一方で、株式と同じ有価証券である投資信託は同じ「投資家」というくくりであったとしても、ユーザーセグメンテーションをより細かくしていくと、求めているものが違っているのです。株式取引を行うボリュームゾーン※の投資家はやりたいことが明確で、このユーザー層は手厚い説明やサービスよりも手数料を重視します。

※　取引金額が多いゾーンのこと。

投資信託の購入者は、投資初心者も多く、なかなか自分の判断に自信が持てずプッシュ型営業※[1]が必要なのです。保険も同様です。インターネットはプル型営業※[2]は得意ですが、プッシュ型営業に適しておらず、同じ有価証券の売買にしてもチャネル戦略は大きく変わったのです。現状は、一般の人でもインフレを感じるようになり、「銀行に預けたままのリスク」を感じるようになった人たちも増え、積極的に情報を取りにいくようにもなり、インターネットチャネルの割合が増えてきています。

※1　プッシュ型営業とは商品やサービスを営業を通して市場に「押し出す」戦略。サービスを積極的にアピールし、顧客に購入を促す営業スタイル。

※2　プル型営業とは顧客の需要を「引き出す」戦略。顧客の関心や需要を喚起し、顧客自身が商品やサービスを求めるよう促します。マーケティングが中心となります。

1-6

“

What does good look like?

今のヒーローが未来の自分

”

グローバル投資家がスタートアップの起業家に尋ねる定番フレーズの2つ目はこれです。

What does good look like?

直訳すると「良い姿はどういうものか?」となり、そこに込められている投資家の意図は「今のヒーローが未来の自分」です。この問いには、「ベンチマーク」を使って答えることが求められます。

ベンチマークとは、ビジネスの目標や成功度を測るための基準や参考点です。例えばビジネスコンセプトを伝える際、「ヘルスケアのウーバー」というようにウーバーをベンチマークにすることで、新しいビジネスコンセプトを的確に説明できます。他社との比較や、過去と現在の成績の比較、起業家の野心のレベルを測る際など、多様な場面で活用されます。

ベンチマークに何を設定するかによって、自社のビジネス領域を客観的に捉えているか、広い視野で捉えているか、より大きな市場を獲得する可能性が高いのか、などが分かるのです。成長の見込みが少ない企業をベンチマークにすると、限定的な成長しか目指していないと見なされる恐れがあります。

ベンチマークで目線を合わせる

グローバル投資家との会話では、共通のフレームワークとしてベンチマークを用いることで、コミュニケーションがスムーズになります。例えば、一般的なグローバル投資家のポートフォリオ配分は米国が50%、欧州が30%、日本が5%、そのほかの成長国が15%といわれています。この比率から見て分かるように、彼らは欧米スタンダードをベンチマークとしているため、そのベンチマークを満たさない投資対象には興味を持たないのです。

投資家に「良い姿はどういうものか?」と聞かれた際、起業家はふさわしい企業をベンチマークに設定して説明すれば、「自社の位置付けを客観的に理解して深く考えた戦略を持っている」と示すことができます。投資家は起業家に、「未来の自分は、今のどのヒーローを想定しているのか」を語ってほしいのです。それができれば、投資家にとって信頼につながります。

資金調達の際、投資家に対して何らかの約束が伴います。銀行借入では定期的な利息支払いと返済を、株式投資では特定のリターンを約束します。成長期のスタートアップでは、一定期間内の成長をベンチャー投資家に約束します。これらの約束に対して、ベンチマークを活用して自社のポジショニングや将来の展望を客観的に説明し、投資家の目線に合った戦略を提示することが重要です。

グローバル投資家との対話を通じて自分の視野を広げ、ビジネスをアップグレードしていく必要があります。ベンチマークは、自社の位置を客観的に理解し、適切な戦略を立てるための重要なツールなのです。

I-7

Your technology is not your moat!

持続性こそ価値の源泉

野心的なＡＩスタートアップ、アシストファイ社のＣＥＯであるエイヴァは、独自のＡＩ技術によるパーソナルアシスタントの開発に情熱を燃やしていました。彼女のＡＩは、人間の文章によるリクエストに、たとえ複雑な指示であっても対応することができ、行動パターンを学習してニーズを予測する能力を持っています。この技術はすぐさま市場で関心を引き、著名なベンチャー投資家イーサンが投資の可能性を探りにきます。ただ、イーサンは、「テクノロジーによる優位性がずっと続くわけではない」と指摘します。そこでこの発言が出ます。

Your technology is not your moat!

直訳すれば「テクノロジーはモートではない」、そこに込められている投資家の意図は「持続性こそ価値の源泉」です。イーサンはエイヴァに対し、顧客サービスの質、ブランドアイデンティティーの確立、そしてネットワーク効果が企業の「モート」（後述）となると助言しますが、エイヴァはそのアドバイスに耳を貸さず、彼女の信念に固執し続けます。

アシストファイ社の競合他社は、技術のみならずブランド構築とカスタマーサポートに焦点を当て始めます。彼らは顧客体験を高め、パートナーシップを通じて市場に浸透していきます。

アシストファイ社のリードエンジニア※であるミアは、競合他社の築いているコミュニティーと顧客同士のネットワークが、アシストファイ社にとって脅威になっているとエイヴァに伝えます。時がたつにつれて、アシストファイ社の市場シェアは減少し始めます。顧客はＡＩの性能の高さよりも、ブランドの信頼性とコミュニティーの価値を重視しているのです。エイヴァはついに自身の誤りを認め、企業戦略を見直します。

エイヴァは新たなビジョンを掲げます。技術革新を追求する一方で、顧客との関係深化、ブランド価値の強化、そして強力なコミュニティーの構築に力を注いでいく戦略を立てます。このバランスこそが、スタートアップが持続可能な成長を遂げるための「モート」です。

※　開発チームのリーダーのこと。

お堀：つくり上げた事業と市場での地位を守ってくれる「ディフェンス」

「ｍｏａｔ（モート）」というのは、濠《ごう》やお堀のことです。

ビジネスにおける「モート」とは、中世の城に例えられる概念です。城主が城の周囲に堀を造り、外敵の侵入を防ぐように、企業もまた競合他社が容易に進入できないような独自の競争優位性や高い参入障壁を築くことで事業を保護します。

米国の著名な投資家であるウォーレン・バフェット氏は、事業を守る「堀」の概念について、その堀が広く、長期にわたって続くものであればあるほど、企業は魅力的であると強調しています。彼はこう述べています。

「私たちが何よりも重視しているのは、広くて長期間持続するモートに囲まれた、素晴らしい経済的な城を守る事業と、その城を統治する誠実な城主を見つけることです。これが、ビジネスの本質だと考えています」（１９９５年バークシャー・ハサウェイ

社の株主総会より）

バフェット氏の言葉を借りれば、ビジネスにおける「モート」は、ただの防御策ではなく、事業を守り育てるための根本的な要素であり、企業の持続的な成功への重要なカギを握ります。

モートの種類

ビジネスにおける競争優位性を構築するための「モート」には、様々な形が存在します。ハミルトン・ヘルマー氏の著書『7Powers　最強企業を生む7つの戦略』（2022年、ダイヤモンド社）では、モートについて、競争優位を保つための7つの要因に分けて説明しています。

①規模の経済

金融業界、特に決済分野でよく見られ、ネットフリックス社とフールー社の事例が示すように、規模が大きくなるほど、ユーザー当たりのコストを削減できるメリットがあります。

②ネットワーク経済

ＳＮＳだけでなく、スラック社のようなコラボレーションツールにも当てはまり、利用者が多ければ多いほど、その価値が増大します。

③カウンターポジショニング

大企業や既存のプレイヤーが直面する自己食いつぶしの問題を戦略的に利用することで、新規参入企業は有利に立ち回れます。例えば、コダック社がデジタルカメラ市場に適応できなかったことや、ブロックバスター社がストリーミングサービスに参入できなかったことが挙げられます。

④乗り換えコスト

個人投資家向けの証券会社や、基幹業務システムを扱うソフトウエアなど、顧客がサービスを変更するのが難しい例です。しかし、技術の進化により、この優位性は低下しています。

⑤ブランディング

消費者が最初に思い浮かぶブランドであるかどうかは重要で、バークシャー・ハサウェイ社が投資するシーズキャンディー社のほか、P&G社、資生堂、日清食品などが事例として挙げられます。

⑥競合なきリソース

デビアス社のダイヤモンドや、ウォルト・ディズニー社のIP、アップル社のiOSなど、特定の資源へのアクセスが企業の優位性を確立します。

⑦プロセスパワー

トヨタ自動車のカイゼンやほかの独自の製造方法など、長年にわたる経験やノウハウが競争力の源泉です。

新しく魅力的な市場は競争激化しますので、プロダクト・マーケット・フィット※や市場参入戦略だけでは不十分なのは明白です。競争激化してしまうと、資金力を背景にした非効率な顧客獲得競争に陥りがちです。ウーバーとリフト、または中国の配

※ 顧客が満足する商品を、最適な市場で提供できている状態のこと。第2章で詳しく説明します。

車サービス嘀嘀打車と快的打車の例がこれを示しています。最終的には資金力の競争ではなく、持続可能なビジネスモデルが必要です。

イノベーティブなプロダクトだけではモートをつくれない

スナップチャット社は２０１１年にローンチし、自動的に消える画像や動画を共有できるＳＮＳとして、その革新性で注目を集めました。しかし、独自の機能だけでは競争上の堅固な優位性（モート）を築くには不十分であることが示されました。２０１６年にインスタグラム社が「インスタグラム　ストーリーズ」という類似の機能を導入した際、スナップチャット社のユーザー成長は停滞し、２０１７年7月、株価は急落しました。これは、たとえ革新的なアイデアで市場に参入しても、強固な競争優位性を構築しておかない限り、市場シェアを急速に失い、事業が脅かされるリスクがあることを意味しています。

創業者や投資家にとっては、競争に勝つために有利なスタートラインをいかに確保するかが重要です。ただ、イノベーティブなプロダクトだけでは、スナップチャット社とインスタグラム社の事例のようなことが起こり、簡単に競合に追い付かれ、市場シェアを失ってしまうリスクがあります。持続可能な競争優位性を確立することが、長期的な成功には不可欠です。

不公平な優位性をつくり上げて守る

スタートアップにとって道は険しく、プロダクト・マーケット・フィットを見つけ、市場への進出戦略（GTM）を模索しながらスケールアップし、自ら築いたビジネスモデルを守るための「モート」を構築する戦略が不可欠です。

欧米では「効率的に利益を得る」ことが美徳とされ、最小の努力で最大の成果を得ることが重視されます。一方、日本では勤勉を美徳とし、労を重ねて報酬を得る傾向にあるといわれます。この違いは、欧米の個人主義と日本のコミュニティー重視の文化背景に根差していると考えられます。

ビジネスが成長軌道に乗ると、競合他社がその機会を察知し、市場に参入してくることがあります。多くの企業は市場での立場を守るために躍起になり、競争を排除する目的で他社の買収に動くことも珍しくありません。これは、攻撃される前に攻撃する、いわゆる「攻撃は最大の防御」なのです。欧米の人々は時に、「不公平な優位性（unfair advantage）」を築くことに誇りを持ちます。マーケットシェアを掌握しやすくするためで、一度確立すればビジネスを容易に運営できるようになるからです。

日本企業では、既得権益や変化を嫌う文化的傾向による「スイッチングコスト※」がモートとしてしばしば見られます。一方でそこばかりに頼ってしまっては、価値創造しておらず健全な持続性とはいえません。日本ではモート構築の経験を持つ人は珍しく、そのために希少価値が高いのではないでしょうか。

※ ユーザーや企業がある商品やサービスから別の商品やサービスに切り替える際に生じるコストや労力（金銭のみではなく、時間、労力、不便さなど）のことを指します。

第2章

スタートアップ
ベンチャー投資家
同士の会話

2-1

Is there Founder market fit?

「何をやるか」と同じくらい
「誰がやるか」が大事

画面に映し出されているのは、投資チームが新たに見つけたスタートアップのデータです。創造的で革新的なアイデア、強固なビジネスプラン、そして成長が見込める巨大な潜在市場についてのプレゼンがなされ、VCの投資委員会が行われている会議室は「新たな投資先」に対する期待で満ちあふれていました。

その熱気の中、パートナーであるアダムは「素晴らしいが」と語った後、静かに質問を投げかけました。

Is there Founder market fit?

直訳すると「ファウンダー・マーケット・フィットはある?」で、このフレーズに込められた意図は「『何をやるか』と同じくらい『誰がやるか』が大事」となります。

パートナーのひと言によって、会議室の空気が一瞬にして変わってしまいました。エキサイトメントが疑問に置き換わり、会議の参加者たちは互いに顔を見合わせます。「スタートアップの成功において極めて重要な要素なのに、なぜそれを見落としていたのか?」」。アダムのひと言は熱狂を一転させ、チームにより深い洞察と分析を促すきっかけとなります。

「ファウンダー・マーケット・フィット」と聞いて、読者によってはMBAなどの教科書によく出てくる「Product market fit（プロダクト・マーケット・フィット）」のことを思ったかもしれません。似ていますが、同じ意味ではありません。「プロダクト・マーケット・フィット」は自社のプロダクトがどのくらい市場ニーズに刺さっているかを指し、「ファウンダー・マーケット・フィット」は起業家と市場がどのくらい合致しているかを指します。

アダムはプレゼンを聞いて、他の参加者と同様に「プロダクト・マーケット・フィット」は問題ないと判断したのだと思います。ただ、スタートアップにとっては「プロダクト・マーケット・フィット」以上に重要な「ファウンダー・マーケット・フィット」について、誰もが忘れてしまっている状況に警鐘を鳴らしたのです。

プロダクト・マーケット・フィットはビジネスの決定的なポイント

プロダクトがマーケットに合っていなければ、そもそも事業は成立しません。プロダクト・マーケット・フィットは、ビジネスがうまくいくかどうかの決定的なポイントです。

例えば、日本の自動車が売れたのは、燃費の良さ、故障の少なさが市場ニーズとフィットしていたからです。オイルショックの中、燃費の良さを求める顧客が増え、また米国の当時のニーズは故障せず長距離走行できることであり、それが成功要因につながりました。

インドの大手自動車メーカー、タタ・モーターズ社が2008年に出した「タタ・ナノ」は、1台約10万ルピー※1で販売しました。世界で一番安い四輪車と呼ばれ、自動車業界を席巻しました。ある調査では、「タタ・ナノ」の前席乗員の保護性能と、チャイルドシートの子どもの保護性能ともに、5段階評価で最低だったそうです。エアバッ

※1 当時の為替レートで28万円。

グやＡＢＳ[※2]などの安全装備もオプションだったそうですから、信じられない話ですが、ある意味では、市場ニーズを的確に捉えていたといえます。

もともとインドでは、小型オートバイに４人乗りして車道を走る光景が珍しくありませんでした。当時、新中間層の世帯年収が10万〜20万ルピー。当時、最も安価だったスズキの軽自動車が約20万ルピーで、年収の１〜２年分です。小型オートバイは３万〜４万ルピー程度で買えたので、その中間価格帯で、４人乗りできる四輪車があれば売れるのではないか、タタ・モーターズ社はそう考えたのでしょう。

その後、同社の業績は低迷し、現在もインド自動車市場のシェアリーダーはスズキですから、長期的にどちらの戦略が正しかったのかは分かりません。ただ大切なことは、デザイン・装備・安全性・価格など、一見企業が考える優れたものをつくったとしても、プロダクト・マーケット・フィットがなければ意味がないということです。

日本のものづくり産業をけん引した先人たちは、単に技術を磨いただけでなく、その技術や商品特性がどの市場ニーズに合致するか、つまりプロダクト・マーケット・

※2　アンチロック・ブレーキ・システムの略。車が急ブレーキをかけてもタイヤがロックしない仕組みです。

フィットを考え抜いていたはずです。

nice to have か、must have か

投資家がプロダクト・マーケット・フィットを確認する際によく使うフレーズはこれです。

nice to have or a must have?

そのプロダクトが「nice to have／あるに越したことはない」なのか、「must have／絶対に必要」なのかを聞いています。もちろん「nice to have」では駄目だという意味ですが、投資家のところにはこうした話がよく持ち込まれます。

実際にあった例で言えば、「オンライン証券のユーザーインタフェース※を他社より劇的に改善する新サービス」です。ユーザーインタフェース技術の素晴らしさを訴求ポイントにしていましたが、オンライン証券サービスにとって、（少なくとも当時は）

※ ユーザーとサービスなどの接点やつなぐもの。良いユーザーインタフェースとはユーザーが考えずに直感的に操作し、期待する効果を得られるようなデザインです。

「ユーザーインタフェースの改善」はnice to haveであり、must haveではなく、出資されることはありませんでした。

たとえ巨大企業であっても、「nice to have」なプロダクトを出してしまうことがあります。グーグル社が2011年に提供開始した「グーグルプラス」は典型的な例でしょう。当時、フェイスブックやツイッター（現X）などのSNSの勢いがすさまじく、対抗するサービスとしてグーグルプラスを提供しました。同サービスのユーザーを獲得するために、ユーチューブ[※1]のコメントをグーグルプラスユーザー限定にしたり、グーグルフォト[※2]やハングアウト[※3]などの機能を導入したりしたのですが、これらはnice to haveな機能であり、must haveな機能ではなかったのです。

結局、ユーチューブとの強引な連携はユーザーから「強制的である」と受け止められ、大きな反発を生んでしまい、グーグルプラスは2019年にサービスを終了します（グーグルフォトやハングアウトは独立したサービスとして存続）。

マイクロソフト社も、スマートフォンのOS市場で同じような経験をしています。

※1 グーグル社のオンライン動画共有サービス。
※2 グーグル社の写真・動画保管サービス。
※3 グーグル社のウェブ会議サービス。

ユーザーがスマートフォンで求めるタッチ操作の快適さやアプリの充実を疎かにし、ＰＣのＯＳであるウインドウズをそのまま移植しようとした結果、アップル社やグーグル社に大きく後れを取ったのです。

悩ましいのは、ある時must haveのプロダクトであっても、時代が変わればnice to haveになってしまうことです。２０００年代、テレビは映像コンテンツの主要なプラットフォームでmust haveなプロダクトでしたが、通信技術の進化とスマートフォンの普及で、どこでも映像が楽しめるようになり、テレビの価値は低下します。結果、今ではテレビはnice to haveなプロダクトになってしまい、価格だけが重視されるようになりました。このような大きな業界の潮流の変化を捉え損ねると、企業は困難に直面します。

どうすればnice to haveではなく、must haveなプロダクトを見いだすことができるのでしょうか。代表的な方法は、まずＭＶＰ（Minimum Viable Product）と呼ばれる最小限のプロダクトを作り、それを基に仮説を検証し、その結果を基にユーザーニーズに関してのインサイトを得る方法です。このようなプロセスを「Build - Measure -

Learn」と呼びます。

ここで注意しないといけないのは、いきなりユーザーにヒアリングしても、真のニーズは分からないことです。なぜならユーザーも本当のニーズが分からないことが多いからです。よってユーザーの行動を実際に観察することが重要なのです。

スタートアップが勝ち切れるロジカルな理由

ここまでプロダクト・マーケット・フィットについて説明しましたが、スタートアップにとってはプロダクト・マーケット・フィット以上にファウンダー・マーケット・フィットは重要です。そのキーとなるのは、実は「資金」です。

アーリーステージのスタートアップはプロダクトをマーケットに出すために投資を募っているのであり、現時点では起業家の知識・経験や情熱という無形資産しかなく、どうなるかまだ分からないビジネスアイデアを持っている状態に過ぎません。

大企業はすでに成熟した事業モデルやブランド、現金、特許などの資産を持っており、持っている資金が多ければリスクをとることができ、リスクをとることで大きなリターンも期待できます。競争が激しくなったとしても、十分な資金があれば勝ち抜く可能性が高まります。

このように大企業にとって「資金」はビジネスを実践する上で欠かせないものですが、その点についてはアーリーステージのスタートアップも同じです。スタートアップの失敗要因の第1位が資金ショートだというデータがあります※。スタートアップは無形資産しかないからこそ、重要になるのが「資金調達力」なのです。

そして、その資金調達力を左右する大きな要素が起業家に対する見立てであり、起業家に対するコンビクション※1です。特に重視されるのが「ファウンダー・マーケット・フィット」。これは、起業家のスキルセット、経験、情熱が市場の要求とどれだけ合致しているかを指し、いわば「この市場でこの起業家ならなぜ勝ち切れるのか」というロジカルな理由になります。具体的には、優位性となり得るドメインエクスパーティーズ※2があるか、または、その領域のキーパーソンへのアクセスやネットワー

※ 出所：https://www.cbinsights.com/research/report/startup-failure-reasons-top/

※1 確証の意。

※2 ドメインとは領域のこと。ドメインエクスパーティーズとは、その領域において専門家並みの知識やインサイトのことです。

クがあるか、エクセキューションに必要なリソース[※3]を集めることができるか、もっと単純な話で「運が良さそうか」などが含まれます。

そのほか起業家を評価するポイントには、過去の実績（トラックレコード）、学習するスピード、ソーシャルインテリジェンス[※]、様々なステークホルダーにビジョンを説得できるほどのコミュニケーション能力、ビジョン、粘り強さ（テナシティー）など、いろいろあります。ベンチャー投資家は、利益相反や情報管理、レピュテーション上の観点から競合するスタートアップには通常投資できないため、「勝馬」を選ばないといけません。よって、同じ事業モデルのスタートアップからアプローチされた場合、最も勝ち目のありそうな起業家を選び、その起業家によるビジョンの実現可能性に確信を求めます。

米国の実業家マイケル・デル氏[※]の言葉「アイデアはコモディティー（汎用品）、その実行はそうではない」が示すように、優れたアイデアも、適切な人物が実行しなければ価値は生まれません。

※3　人材や知見など。

※　様々なステークホルダーを引き付け巻き込む能力のこと。

※　コンピューターおよび関連製品事業を手掛けるデル・テクノロジーズ社の創設者。

もしあなたがスタートアップの起業家で、業界出身者ではなく「ファウンダー・マーケット・フィットが足りない」と感じるのであれば、何が足りないのか（例えば、スキルや人脈）を見極め、足りない要素を補完するファウンディングチームを組成したり、誰にも負けない知識や情熱で補ったりすることをお勧めします。誰よりも業界構造やユーザーをリサーチし、ドメインの専門性を高めていく、ドメインエキスパートを巻き込む、業界出身者と違ったインサイトを持つことによって、ファウンダー・マーケット・フィットがあると示すことができます。

幸いながら日本は、業界インサイダーの起業率が少ない業界もまだ多く、チャンスは転がっているように見受けます。

2-2

What’s the opportunity cost here?

これは考え得る選択肢の中で
最適な判断か?

グローバル投資家の頭の中にはいくつかのフレーズが常にあります。その代表はこれです。

What's the opportunity cost here?

直訳すると「機会費用は何か？」、そこに込められているグローバル投資家の意図は「これは考え得る選択肢の中で最適な判断か？」となります。投資における「機会費用」とは採用しなかった選択肢で得られていたはずの利益のことで、投資判断における「もしもの話」のようなものです。

機会費用は投資家の優先順位付けの基準

例えば、あなたが1万円を何かに使えるとして、次の2つの選択肢があるとします。

- 好きなアーティストのコンサートチケットを1万円で購入する。
- 友人が始める小さなビジネスに1万円を投資する。

あなたがコンサートチケットを買ったとしたら、コンサートは楽しいですが、終わったら1万円はなくなります。もし、友人のビジネスに1万円を投資していたら、それは時間とともに増え、1年後に1万円が1万5000円になっているかもしれません。この場合、ビジネスへの投資を選ばなかったことによって逃した潜在的な利益（5000円）が機会費用です。

グローバル投資家はこのような機会費用を常に考えています。なぜなら、効果的に収益を上げることが自身の投資家としての評価に直結するからです。

資金が無尽蔵にあれば、どう使うかをあまり気にする必要はありませんが、実際には資金は限られているため、どのように使うかを慎重に考え、優先順位を付ける必要があります。この優先順位付けの基準が機会費用であり、常に「これは考え得る選択肢の中で最適な判断か？」と自問自答するわけです。

グローバル投資家は、機会費用と同時に、取り得る選択肢について常に意識しています。新しい選択肢を常に探しているともいえます。技術の進歩や外部環境の変化で、取るべき選択肢やその価値が変わることがあるからです。例えば、インターネットの進化でオンラインショップが増え、資金をかけずに自分のブランドや店を持つことができるようになりました。副業として新しいビジネスを始めることも簡単です。

投資家はこのような世の中の動きをよく見て選択肢とし、それぞれの価値を考慮して最も効果的な案を選び出すという思考の癖があります。思考の癖ですから、「投資」以外のこと、例えば「時間」についても同様に考えます。投資家は「この時間をほかの活動に使っていたらどれだけの効果があったか?」と考えます。グローバル投資家は時間の使い方にも厳しいのです。

2-3

Do you really understand the underlying market dynamics?

業界の特性の本質を見抜いているか?

サラは、ヘルステック分野のスタートアップへの投資に特化しているVCの一員です。新型コロナウイルスの流行をきっかけに、急性期ではない疾患の非対面診療が米国、中国、欧州で急速に普及したことを踏まえ、日本において、医師が簡単に利用できるオンライン診療システムを開発した企業への投資を行いましたが、事業は思うように伸びていませんでした。サラが焦りを感じる中、彼女の上司であるパートナーは静かに言いました。

Do you really understand the underlying market dynamics?

日本語では「業界の特性の本質を見抜いているか？」となります。

コロナ禍を契機に各国が医療現場の逼迫の緩和、感染防止のために診療のあり方について規制緩和し、日本でもオンライン診療が解禁されましたが、思うように普及していません。大きな理由の一つは、対面診療よりも診療報酬が低いことです。同じ診療をしてもオンライン診療で得られる報酬が対面より少ないのであれば、システムに設備投資してまでオンライン診療を利用促進する医師が増えないのは当然です。

日本のオンライン診療が欧米と比べて普及しない理由

では、なぜオンライン診療の報酬が低いのでしょうか。様々な理由がありますが、オンライン診療が普及することで、地域医療の崩壊を招く危険があるためです。オンライン診療が普及すれば、近所の医院に行く必要はありません。遠隔地であっても、大々的に広告を打っている都市部の医院にかかろうと思うかも知れません。一部の医師に患者が集中するようなことがあれば、これまで地元に密着して地道に経営してきた医師のところに患者が来なくなってしまう可能性があります。

仮に日本でオンライン診療のビジネスに参入するのであれば、地域医療の現状、医師会の果たしてきた役割や皆保険制度など、日本特有・地域特有の事情や産業構造の特性を押さえる必要があります。それを理解しないまま、「オンライン診療はニーズがあるので事業化を」といったところで、机上の空論のような事業計画になってしまいます。

既存プレイヤーは強く抵抗することもある

産業には既存のプレイヤーが存在します。事業を始めるには、その市場における主要な参加者や規制機関を完全に理解する必要があります。既存のプレイヤーは、外部からの変化や圧力がない限り、変化を好まない傾向があります。彼らにとっての変化は既得権益の喪失を意味する可能性があるためです。

「誰が変化のためのインセンティブを持っているのでしょうか?」「抵抗しているのは誰なのでしょうか?」、そして、「どのような経緯でその産業構造が形成されたのでしょうか?」。規制緩和が解決策となることもありますが、「規制緩和を阻んでいるのは誰か?」という問いにも答えを出す必要があります。ロビー活動を行っても状況が変わらないリスクが常に存在するためです。このような関係性や産業内の課題を産業構造の特徴として理解することは、事業を成功に導く上で極めて重要です。

日本の多くの産業は古くから存在しており、特に健全な既存プレイヤーがいる場合、変化に対する抵抗が強いことが一般的です。外部から見て合理的な変化は、その産業内の関係者にとっては合理的ではない場合が多いのです。欧米勢が捉えにくいものの一つがこの日本特有の、一見合理的でない業界特有の商習慣です。これを変化の「慣性（inertia）」とも呼び、実は一般的に認識されていない強烈な参入障壁が存在することがあります。特に規制産業（ヘルスケア、金融、エネルギー、教育、農業などをはじめとする様々な産業）に関してはこれらを押さえた上で市場戦略を考慮しないと、事業がなかなか進まず時間が過ぎてしまうというリスクが高まります。

2-4

FOMO has got into him!

人気銘柄だからといって
成功するスタートアップとは限らない

グローバル投資家同士の会話でよく聞くフレーズはこれです。

FOMO has got into him!

日本語では「ＦＯＭＯを気にし過ぎていない?」、そこに込められている意図は「人気銘柄だからといって成功するスタートアップとは限らない」です。ＦＯＭＯはFear of missing outの頭文字で、「見逃したり取り残されたりすることへの不安」という意味です。投資の世界では、「この株を買わなければ、相場に取り残されてしまうのではないか」という恐怖を指します。市場が過熱すると、あちこちで成功者が現れ、自分一人が取り残されてしまうのではないか、他人の成功を横目で見ながら、そんな焦りが生まれます。

最大のリスクは「投資しないこと」

ベンチャー投資家にとって最大のリスクは「いい案件に投資しないこと」といわれます。２０１０年から２０２０年にかけてＶＣセクターは多数のスタートアップやテック企業の成功により顕著な成功を遂げました。その結果、次のように感じた投資家が大勢いたのです。

「グーグル社に投資する機会があったのに見送ってしまった」

「あの時、フェイスブック（現メタ・プラットフォームズ）社に投資していたら、莫大なリターンを得られていたのに」

有名なVCであるベッセマー・ベンチャー・パートナーズ社は、「The Anti Portfolio」という名前で、投資機会があったにもかかわらず見逃してしまい、後に大企業へと成長し巨大なリターンを生み出した企業についての判断ミスを公表しています。ほかのVCも同じような経験をしています。

これは、VCファンドのリターンが「パワーロー（べき乗則）」に従う性質があるためです。ほとんどのスタートアップ企業が失敗に終わるため、少数の投資から巨額のリターンを得る必要があることを意味しており、千回に一回の貴重な機会を見逃してしまうと大きな機会損失となってしまうのです。

株価が高騰してからいくら後悔しても始まりません。そんな後悔から、「今度こそ取り残されたくない」という投資家心理が生まれます。これらの特性がバブルをつくってしまう傾向にあります。

また、「取り残されたくない」という投資家心理は、時に信じがたい投資詐欺事件につながることもあります。

「シリコンバレー史上最悪」の投資詐欺事件

「シリコンバレー史上最悪」といわれた米国セラノス社のような投資詐欺事件は、投資家のそんな心理が引き起こしたといわれています。血液検査ベンチャーのセラノス社は、「指先から採取した数滴の血液を検査することで、様々な疾患の有無を安価に判断できる」とうたい、総額7億ドル超を資金調達しました。

メディア王として名高いルパート・マードック氏、オラクル社の共同創業者ラリー・エリソン氏など著名人がこぞって投資し、元米国務長官のヘンリー・キッシンジャー氏らが役員に就任。企業価値は一時、90億ドル（約1兆円）に達し、創業者のエリザベス・ホームズ氏は、世界最年少のビリオネア※としてもてはやされました。

しかしウォール・ストリート・ジャーナル誌が血液検査の信憑《しんぴょう》性に疑問を投げかけたことをきっかけに虚偽が告発され、ホームズ氏は11年3カ月の禁錮刑を言い渡されます。

後から考えてみると、「経営者は怪しいし、大したことをやっていないのに、あの企業はなぜあんなに資金を調達できたのか？」と不思議でならない案件があります。冷静に考えると、信憑性は低く、明らかに成功確率が低いであろう案件に投資が殺到することがあるのです。これは、かつて「投資せずに失敗した後悔」から、「今度こそ取り残されたくない」というFOMOが原因です。

「パラダイムシフトを起こすような破壊的なイノベーションを起こす」。このようなうたい文句を掲げたスタートアップに対して、投資家のみならず周囲の起業家やメディアも「新しいリアリティー」を信じて、多少の違和感があっても目をつむるべき

※　10億ドル以上の資産家。

という雰囲気になりがちです。

Don't want to rock the boat

という表現があります。これは取締役が本来の役割を果たさず、なあなあで意思決定が行われ、ガバナンスが機能しない状態を意味します。有力者やインフルエンサーが支援していたり、時代の寵児《ちょうじ》としてメディアでもてはやされたりしていると、おかしいと思っても指摘しづらくなるのです。

2-5

It’s a VC-backed startup

本当にVCから調達すべきか?

グローバル投資家だけが口にするわけではありませんが、米国のベンチャー界隈《かいわい》でよく出るフレーズがこれです。

It's a VC-backed startup

「VC-backed stratup（ＶＣバック・スタートアップ）」とはＶＣから資金を得たスタートアップを指しています。その含意を理解するために、まずは、企業の資金調達手法から説明します。

資本コストとは投資家のリターンの期待値

企業の資金調達手段には「銀行ローン」「政府や研究機関などからの助成金」「事業会社からの資金提供」「ＶＣからの資金提供」「個人投資家からの資金提供」などがあり、それらは「エクイティー（株式）」と「デット（債権）」の形態に分かれます。

資金提供者である投資家はリターンを求めて資金を提供するのであり、資金調達にはリターン分の「コスト」がかかります。それを「資本コスト」と呼び、エクイティーの場合は「株主資本コスト」、デットの場合は「負債資本コスト」と呼びます。

この資本コストは、教科書的にはCAPM（Capital Asset Pricing Model）の数式があり、適切な数字を入力すればその企業の資本コストを計算できますが、実際には資金提供者によって変わってくるものです。資金提供を受けた企業は、資金提供者が期待する最低限のリターンを満たす必要があります。この際、資本コストは投資案件を評価する重要な基準である「ハードルレート」として機能します。

では、この「ハードルレート」は何によって決まるのでしょうか。それは、資金提供者の資金調達コストや、ほかに存在する投資機会によって影響を受けます。例えば、大量の資金を保有する個人投資家の場合、その資金調達コストはゼロ（資金調達の必要がない）です。加えて、ほかに魅力的な投資案件がない場合、ハードルレートはほぼゼロにもなり得ます。※

資本コストは資金提供者や資金調達手段によって異なり、例えば個人なら低くて

※ ただし実際には、「リスクフリーレート」と呼ばれる、短期間銀行に預金したり短期国債を購入したりした場合の利回りを上回ることが一般的です。日本では約30年間このリスクフリーレートはほぼゼロでしたが、金利の高い国ではこれが5％以上になることもあり、その場合ハードルレートは高くなります。

1～10％、事業会社からの資金提供なら8％以上※、機関投資家から資金を集めているＶＣからの資金提供なら30％以上となります。

複数手法を組み合わせて資金調達をしていても、適切な数字を入力することで、その企業の資本コストを容易に計算できます。日本企業の資本コストは平均して8％程度とされています（２０２３年9月現在）※。一方、ＶＣから資金を調達しているスタートアップは、30％以上が通常です。

「投資家ＴＡＭ」、各調達手段のアベイラビリティー

理論上、無制限に資金を提供できる調達手段があれば、調達した時のコストが最も低いものを選ぶのが賢明です。しかし、スタートアップにはリスク資本の性質があり、各調達手段にはそのアベイラビリティー（利用可能性）があります。よって投資家ＴＡＭ（あるスタートアップが投資家などから調達できる可能性のある金額規模）を意識する必要があります。

※「純粋な投資」とは見なさず、「研究開発」や「戦略的投資」と位置付ける場合、ハードルレートは実質的にほぼゼロになることもあります。

※ 出所：https://www.nikkei.com/article/DGXZQODK151S60V10C23A9000000/

銀行ローンは、企業の資本構造や事業モデル、また企業のステージに依存するため、調達できない場合や限られた金額の場合があります。また、状況次第では創業者の担保を必要とするデメリットもあります。政府の助成金も目的が限定されています。事業会社からの資金も同様なので、スタートアップの大規模な資金提供者はＶＣが中心となります。

ＶＣからの資金調達は意思決定が速いため比較的迅速に実施でき、ＶＣのネットワークや経験から得られるアドバイスやメンターシップ、エンドースメント、さらには将来の資金調達における金銭的および人的な支援も期待できます。明確な成長戦略があり、それに伴う大規模な資金調達が必要で、迅速なスケールアップが見込まれるスタートアップにとって、ＶＣからの資金調達は最適な手段といえるでしょう。アリババ社、メタ・プラットフォームズ社、ウーバー・テクノロジーズ社など、資本を燃料として迅速な成長を遂げた事例がこれを示しています。

一方で、市場が小さく、例えば、成長したところで小規模ビジネスにとどまるような企業や、急速な成長が見込めない場合、ＶＣからの資金調達は最適ではないかもしれません。

上場市場においても同様の考え方が適用されます。特に時価総額の小さい上場企業の投資家は、多くが個人投資家であるとされています。もし、究極的な長期保有を目指す個人投資家によって株主構成が形成されている場合、彼らは機関投資家のように資本コストを超えるリターンを要求しないことが多いため、実質的な資本コストは低くなる可能性があります。

実際、どのような投資家であっても、経済的な理由で株を売却する必要のない長期保有の株主を多く抱える企業は、理論的な資本コストよりも低いコストを享受することになります。

１９８０年代に米国の企業が日本企業を恐れた一因として、「日本企業は資本コストを無視した投資をしている」という指摘がありました。これは、当時の日本企業の株主構成を考慮すると、部分的には真実かもしれません※。

※　個人的にはそれを非難しているつもりではなく、永続的に持続的に事業を運営できるのであればそれはアリだと思っております。

重要なことは、資金調達戦略を検討する際、自社の成長戦略と実際の資金調達手段のアベイラビリティーを考慮し、それに適合する投資家を選ぶということ、選べる立場にいる企業を目指すことです。

VCバックは急速な成長の潜在能力が認められているスタートアップ

では、「VCバック・スタートアップ」とは何を意味するでしょうか。プロフェッショナルなVCは、年金基金、そのほかの機関投資家、大学の基金などのプロフェッショナルな投資家から資金を預かりますので、高いリスクに見合った高いリターンを期待します。言い方を変えれば、VCはハイリターンを見込める案件にしか投資しないのです。

「VCバック」というラベルが付くと、そのスタートアップは攻めの姿勢で有望な市場に挑んでおり、急速な成長の潜在能力が認められているのです。また、VCのノウハウやリソースが注ぎ込まれ、成功する可能性が高いと見られているのです。

「ＶＣバック」と対比されるのが「Bootstrapped（ブートストラップ）」です。ブートストラップは、ＶＣからの資金調達を行わず、事業が生み出す利益を再投資して成長させる手法を指します。

例えば、メールチンプ社は時価総額が10億ドルを超えるユニコーン企業へと成長したものの、ＶＣからの資金を調達せずにこれを達成したことで知られています。完全にはブートストラップではないにせよ、エピック・ゲームズ社やアトラシアン社のように、ＶＣからの資金調達を限定的に保ちながら、主に自己資金で成長を遂げている企業もあります。

ブートストラップ企業は、株主による直接的な圧力が少なく、比較的自由な経営が可能です。一方、大規模な事業機会が訪れた際に迅速に対応して拡大することが困難になる場合もあります。どちらの資金調達方法が優れているかは、市場の状況、事業モデル、競争環境、そして起業家の個性に大きく依存します。

資金を自らの事業に再投資できるシリアルアントレプレナー※であっても、ＶＣか

※　連続起業家のこと。

ら資金を調達する人と自己資金のみで事業を運営する人に分かれます。自由を重視する起業家もいれば、アドバイスを求めるため、ＶＣからの資金提供がもたらす信用やブランディングを欲する人もいます。また、外部投資家の存在によって企業経営に一定の規律をもたらすことを好む起業家もいるのです。

このように、資金調達のアプローチは企業の成長戦略とともに、起業家の哲学を反映しているともいえるでしょう。

2-6

The VC Power Law and Staging

VCのリスクとリターンの考え方

ＶＣはハイリスク・ハイリターンを求めますので、可能な限りのリスクを管理するノウハウが不可欠です。そのノウハウがこれです。

The VC Power Law and Staging

「Power Law（パワーロー）」と「Staging（ステージング）」の２つがあります。

パワーロー

パワーロー（日本語では「べき乗則」）は、ＶＣの投資リターン分布における重要な原則です。これは、ファンドが保有する投資先のリターンが標準分布に従わないことを示しており、むしろ少数の成功したスタートアップが大部分のリターンを生み出す傾向にあることを指しています。ピーター・ティール氏は、「私たちは正規分布の世界に生きているのではなく、べき乗則の下に生きている」と述べ、この事実を象徴的に表現しています。

データに基づくと、トップVCでもわずか4・5％の投資がファンドの60％以上のリターンを生み出しているとされています[※]。例えば、VCのベンチマークキャピタルは2011年にウーバー・テクノロジーズ社に1000万ドルを投資し、その投資は10年後に800倍に増加したと報じられています。同様に、VCのアクセルパートナーズは2005年にフェイスブック（現メタ・プラットフォームズ）社に1270万ドルを投資し、2012年の上場時にはその価値が90億ドルから114億ドルに達し、約877倍のリターンを記録しました。

VCファンド自体のリターン分布にもパワーローの法則が当てはまり、4000社のVCの中でもトップ100社が業界のリターンの大部分を獲得しています。さらに興味深いことに、失敗率はトップパフォーマーとそうでないファンドの間で大きな差はありません。

これは、安全で小さなリターンを目指すのではなく、「ベーブ・ルース効果」として知られるホームランを目指すべきであることを意味しています。つまり、市場を大きく変革し、カテゴリーリーダーになり得るスタートアップに投資することが望まし

※　出所：https://a16z.com/performance-data-and-the-babe-ruth-effect-in-venture-capital/

いということです。これはハイリスク・ハイリターンの傾向につながります。

米国のような巨大な市場では、数兆円規模のＩＰＯ※が数年に一度発生する可能性があり、一つのホームランがほかの損失を相殺するほどのインパクトがあります。しかし、日本のように数千億円規模のＩＰＯが数年に一度の頻度でしか起こらない市場では、この戦略が機能しづらい可能性があります。

インパクトを追求する投資戦略は非合理な投資につながりやすく、それがＶＣ業界の特性を生み出しています。つまり、中身が伴わないにもかかわらず、次の大きな変革をもたらす可能性のある「派手そうな」企業に投資が集まり、有望だが「地味な」案件が見過ごされる傾向が生まれがちです。投資家はこの現実を踏まえ、賢明な投資判断を下す必要があるでしょう。

※ Initial Public Offeringの略語で、日本語では新規株式公開のこと。

ステージング

ＶＣは、収益がほぼない事業をどのようにリスク評価しているのでしょうか。単なる「目利き力」に頼っているようであれば再現性はなく、プロの機関投資家からファンドレイズ[※]できません。

答えは「ステージング」です。ステージングとは、マイルストーン[※1]を達成し、リスクを一つひとつクリアするごとに段階的に調達をしていくことを指します。これは「リスクの玉ねぎ理論[※2]」で説明できます。投資家は、投資に伴うリスクを玉ねぎに例えるべきだという理論があります。玉ねぎの皮を一枚ずつ剥ぐように、スタートアップへの投資リスクも層ごとに削減していくことが可能です。このようなプロセスを経ることで、スタートアップはより多くの資金を調達し、企業の成長を加速させることができます。

スタートアップには、次に示すようなリスクがあります。

- 創業チームリスク（創業者が効果的に協力し合えるか）
- プロダクトリスク（チームはプロダクトを構築できるか）
- 技術リスク（技術のブレークスルーなどが必要だとしたら、それを実現するものを

※　新たな出資を募ってファンドを組成すること。

※1　プロジェクトなどの進行状況を追跡するためなどに使う、計画における重要な進捗点を示す目印のこと。

※2　出所：https://startupclass.samaltman.com/courses/lec09/

持っているか、または達成できるか）

- ローンチリスク（ローンチはうまくいくか）
- 顧客／市場レディネスリスク（顧客はプロダクトを受け入れるか）
- 収益リスク／販売コストリスク（営業チームは、販売コストをカバーするのに十分な収益を得てプロダクトを販売できるか）

外部から資金調達する初回のシードラウンド※によって、「創業チームリスク」「プロダクトリスク」、そして恐らく初期の「ローンチリスク」といったリスクの層を1枚1枚剥がしていくことができます。

次の調達ラウンドであるシリーズA※によって、「プロダクトリスク」の次のレベルを剥がし、エンジニアリングチームを採用するにつれて、採用リスクの一部を剥がすこともできるかもしれません。初めの5人の顧客を獲得することによって、「顧客／市場レディネスリスク」の一部を剥がすこともできるかもしれません。

マイルストーンを達成することにより、事業を進歩させるだけでなく、さらなる調

※ 初回調達ラウンド。投資家からの資金を用いてプロダクト開発、市場調査などを通してプロダクト・マーケット・フィットを目指します。

※ プロダクト・マーケット・フィットが達成したくらいの調達で、拡販していくタイミングでの調達のこと。

達のための正当性も示しています。取り除くリスクに応じて、調達して使うお金の量を調整することができます。つまり、リスクを取り除いていくと理論的には企業価値が向上し、調達できる金額が増えます。当たり前のことのようですが、意外に起業家の中でも、資金がどのように調達され、投資され、投資家に提示されるかについて構造的に考えられている人は少ないのです。

第3章

上場企業IR面談

3-1

This company went public too early

上場は必ずしも正しい選択ではない

日本の証券会社の営業担当者が、ロンドンにオフィスを構えるファンドマネジャーのところに電話をかけます。

証券会社営業「A社は昨年上場したばかりで時価総額は小粒なのですが、30代の社長が立ち上げた企業で、提供しているサービスは国内マーケットでシェアを急速に伸ばしています。買い推奨、株価上昇余地30％で新規カバレッジも始めています。そこの社長がロンドンに行きますので、お会いになりませんか？」

ファンドマネジャー「それは面白そうだね。ぜひ、会ってみよう」

ファンドマネジャーの部下であるアナリストは、早速A社の調査を開始し、ファンドマネジャーに報告します。

アナリスト「A社のサービスはニッチですが、グローバル展開しやすく、際立った同業他社はいません。まだ始まっていないですが、うまく海外進出できれば、株価の上昇余地は6～12カ月で30％のレベル、3年の時間軸では3～5倍になっていてもおかしくないと思います」

2週間後、ファンドのロンドンオフィスをA社の社長が訪問します。

A社社長「本日はお時間をいただきましてありがとうございます」

ファンドマネジャー「君に会うのを楽しみにしていたよ。最初の質問だけど、どうしてIPOしたの？」

A社社長「どうしてIPOしたのか、ですか？　日本でそういう質問を受けたことはなく、どうお答えしてよいか」

ファンドマネジャー「こんなに素晴らしい事業をやっていて、まだまだこれから海外で伸びる可能性を秘めている。その中で、去年というタイミングでIPOを選んだ理由は何であったのか気になるんだよ」

A社社長「去年が最速でＩＰＯできるタイミングでした。ＩＰＯという大きな目標を達成できて、とてもうれしく思っています」

ファンドマネジャー「ところで、海外展開はどういう計画なの？」

A社社長「私自身英語が得意ではないですし、グローバル人材を現地採用するのも大変ですので、積極的には考えていないです」

その後、Ａ社の社長は持参したプレゼン資料で企業概要を説明し、面談を終了しました。面談後、ファンドマネジャーは部下であるアナリストにこうつぶやきました。

ファンドマネジャー「This company went public too early／上場を急ぎ過ぎた。グローバル企業からＭ＆Ａ※されることを視野に動くべきで、もったいないことをしたな。社長自身も経営者としてはあまりグローバルで戦う器でもなさそうだし。彼らのグローバル展開に使える基盤を持っている企業はロンドンにもあり、紹介して手伝う

※　合併および買収のこと。

こともちろん可能だが、わが社が今わざわざ手を差し伸べるほどの話でもないな。この件はとりあえず見送ろう」

This company went public too early

このフレーズに込められている投資家の意図は、「上場は必ずしも正しい選択ではない」となります。

日本はＩＰＯ信仰の国

ＩＰＯは、非上場企業が公開企業となり、上場企業となるプロセスです。これにより、初めて一般の投資家に株式を公開し、個人投資家や機関投資家が株主となることができます。このプロセスでは、新たな資本の投入や、創業者などが保有する既存株の売却が行われることが一般的です。

ＩＰＯをするに当たり、企業は関連する規制当局※、証券取引所、証券会社、会計

※ 金融庁など。

会社や法律事務所と綿密にやり取りし、業績や事業に関する文書や書類を作成します。その準備作業には相当な時間とコストを要します。

ＩＰＯのプロセスが完了すると、その企業の株式は東京証券取引所などの公開市場で取引が開始されます。これにより企業は、資金調達だけでなく、知名度アップによりスムーズに人材を採用できるようになるほか、新規顧客開拓につなげられることもあります。

では、ファンドマネジャーの意図はどうして「上場は必ずしも正しい選択ではない」なのでしょうか？

一般的なＩＰＯのデメリットとして、本格的なＩＲ活動を始めることによる、マネジメントにかかる時間と労力の負担は小さくないことが挙げられます。そのほか、経済状況や業界のトレンドを含め企業側がコントロールできない外部要因が株価を左右したり、良きパートナーとならない投資家が株主になり経営に口を出されたりして、その対応に労力を割かれることもあります。

ファンドマネジャーが「もったいない」と言ったのは、A社は成長途中であるだけでなく、海外展開に大きな可能性を秘めており、IPOの準備や上場後の煩雑さに時間や費用をかけるより、成長事業に集中すべきだったと考えているのです。

そして、ポテンシャルが海外展開にあることを考えると、国内市場への上場による知名度アップの恩恵は小さく、成長を続け、「海外販路を切り開くシナジーを持つ海外企業からのM&Aを視野に入れた経営をすればよかった」と指摘しているわけです。

もちろん、上場後のM&Aは理論的に不可能ではありませんが、上場企業を買収する手続きは煩雑になりますし、買収を考えているとの話が公になれば、株価が大幅に上がってしまい不可能になってしまうこともあります。

日本は海外主要国と比較してIPO信仰の強い国です。グローバル投資家から見ると、「どうしてまだ成長途中の企業が小さなスケールで上場してしまうのか」と疑問を感じるのです。IPOにより得られる資金調達の金額は、その準備やIR活動、ディスクロージャー※の労力や時間に見合わないほど少ないレベルであることは珍しくあ

※　情報開示のこと。

りません。

そもそも日本は比較的ＩＰＯがしやすく、グローバル投資家には「Ｓｅｒｉｅｓ ＢＩＰＯ」などと呼ばれ、上場後時価総額が小さいままのゾンビ企業が多いなどと揶揄《やゆ》されることもあります。これには証券会社のビジネスモデルや、ＶＣエコシステムが未成熟であることが影響しています。アーリーステージに比べて、ミドルステージやレーターステージの投資家が少ないため、アーリーステージの投資家の意見が優勢となり、早期のエグジット※を望む声が大きくなってしまうのです。

ＩＰＯを経営のゴールとすることは、グローバル投資家には必ずしも好まれません。ビジネスにとって適切なタイミングで、適切な手段を選択すべきだということを理解してほしいと考えています。

※ 事業売却やＩＰＯのこと。

3-2

How do you allocate operating cash flow?

適切なキャッシュ配分が経営者の仕事

グローバル投資家が上場企業のIR面談でよく聞く質問の中で、最も重要なフレーズがこれではないでしょうか。

How do you allocate operating cash flow?

日本語にすると「営業キャッシュフローはどう配分するの?」で、そこに込められている投資家の意図は「適切なキャッシュ配分が経営者の仕事」となります。「営業キャッシュフロー」とは、企業の日常的な経営活動から生み出される現金のことです。企業が長期的に持続可能な成長を遂げるには、営業キャッシュフローが支出を上回る必要があります。キャッシュフローの流れを管理することは企業経営の重要な要素で、管理能力が現れるところです。現金の流入が流出を上回った部分は、企業が活用できる現金です。

創出されたキャッシュは、一般的には、次のどれかに充てることになります。

- 借入金の返済

- 新規事業やM&A
- 設備投資
- 株主への還元

借入金を返済すれば、支払わなければいけない利息（費用）が減ります。新規事業やM&A、設備に投資することで、将来にわたって利益を生み出す可能性があります。そのいずれも予定がなければ、株主に還元します。具体的には、配当したり、自社株買いをしたりするなどです。個人でも自由に使えるお金が手元にあったら、ローンを繰り上げ返済したり、自己啓発に投資したりするなど、なるべく将来の見返りが大きい使い道を考えるのと同じです。

営業キャッシュフローと類似の言葉で、フリーキャッシュフロー（FCF）があります。FCFの計算方法は複数ありますが、営業キャッシュフローから維持更新など既存事業に必要とされる設備投資費用を差し引いた、企業が自由に使える現金を意味します。実際議論の場においては、「FCFの配分について教えてください」と質問をすることが一般的です。

事業から生まれたキャッシュを次の成長につなげる

一般的に、グローバル投資家が営業キャッシュフローの配分を重視するのは、それが企業価値を決める大きな要因となるからです。ただ単に営業キャッシュフローを管理し、ポジティブであればよいのではありません。事業で生み出したお金をどう使うかによって、企業の次なる成長が決まるのです。そこにグローバル投資家は注目します。

では、グローバル投資家の「営業キャッシュフローはどう配分するの？」の問いかけに、どのように答えればいいのでしょうか。結論から言うと、絶対的な正解はありません。適切な営業キャッシュフローの配分バランスは、企業の成長フェーズや市場環境によってケースバイケースだからです。

借入金の返済に充てる企業もありますが、グローバル投資家の視点に立つと、無借金経営だからいいというものでもありません。もちろん債務比率が高過ぎる場合は別ですが、相対的に低い金利（コスト）で資金調達できるのであれば、借り入れをして、将来の成長に投資することは間違っていません。事業によって得たキャッシュを再投資していくことで、新たな事業機会を生み出したり、市場シェアを拡大したりする。その結果、企業価値が上がることが期待されます。

仮に、すでに市場シェアのほとんどを占有していて、これ以上拡大する余地がない、企業買収や事業提携する先もないときは、そこまで企業が成長したのだから、株主に返せばいいという考え方になります。つまり株主還元です。

グローバル投資家は営業キャッシュフローとその配分を基に企業価値を予測する

グローバル投資家目線では、その企業の営業キャッシュフロー配分の考え方をつかむことは、将来の時価総額など様々な予測を立てる上で欠かせない要素となります。

例えば、来期の通期業績予想として100億円の利益を発表している企業があるとします。投資家やアナリストは独自に業績を予測し、「来期は150億円の利益になる」と予測できる場合、その企業の営業キャッシュフローは企業予想よりも50億円多くなることになります。※ そうなると、何が起こるのかを考えるのです。

その企業の営業キャッシュフロー配分の考え方を把握していれば、「キャッシュの使い道はこうなるのではないか。そうなれば時価総額は理論値でこれくらいまで上がるだろう」といった予測ができます。つまり、その企業が営業キャッシュフローをどのように配分するかという考え方を理解した上で、自分たちの分析と組み合わせて、企業価値がどのように変わっていくのか、見通しを立てるわけです。

もし成長投資に使われるのであれば、どのような成長率、利益、既存事業とのシナジーを見込める案件に投資をし、数年後の売上高や純利益はどのくらいになっており、それに基づくと時価総額や企業価値はどのくらいになっているのかを予測します。そして、その時価総額や企業価値予測を、その企業の株に投資すべきかどうかの判断材料とするのです。

言い方を変えれば、多くのグローバル投資家は、「適切なキャッシュ配分が経営者の仕事であり、企業価値を決める」と考えているのです。

※ 純利益以外、減価償却や在庫など同じ前提です。

3-3

How did you set the MTP?

中期経営計画は
どのように策定しましたか?

B社が通期決算と新中期計画を発表した直後の5月、ニューヨークからはるばるやってきたファンドマネジャーとアナリストは、B社のIR担当者と面談しています。ファンドマネジャーは冒頭、一番確認したかったことを尋ねました。

ファンドマネジャー「How did you set the MTP※?／中期経営計画はどのように策定しましたか？」

IR担当者「前中期経営計画の最終年の10月から11月ごろ、その年度の決算で忙しくなる前に取り掛かります。まず、社長が次の通期はこういう方向性にしたい、例えば今回の場合ですと『とにかく売り上げを2倍以上にし、営業利益率も数％上げる計画を作る』という方針を出し、その後、事業部ごとにそれぞれを達成するための計画を作らせます」

ファンドマネジャー「そうすると、各事業におけるサイクルとか、M&Aや増強投資の予定、売り上げの製品ミックスの変化などを捉えた作り方ではなく、どちらかというとトップダウンで作られた予想で、か

※ Mid-term PlanやMid-term Management Planの略。

なりアグレッシブな計画になっているわけですね。それにしても新中期経営計画1年目である今年の進捗率は相当低いように思います」

IR担当者「目標は高く持ったほうがよいというのが社長の考え方です。飛躍するのは中期経営計画最終年の3年目と考えています」

ファンドマネジャー「では、中期経営計画における、事業ごとの投資費用の計画は、どのように作っているのですか？」

IR担当者「事業部ごとに、維持更新以外にやりたいと思っていることをすべて積み上げさせたものです」

ファンドマネジャー「では、この計画は、実際社内で理にかなったものとして承認されたものだけではなく、やりたいと思っていることをすべてリストアップしたものに過ぎないということですか？」

ＩＲ担当者「おっしゃる通りです」

ファンドマネジャーは早々に会議を切り上げ、ＩＲ担当者には聞こえないように、ぶつぶつと独り言をつぶやきました。

ファンドマネジャー「中期経営計画の達成確度が高ければ投資対象として面白いと思ったが、そうでもなさそうだし、社長が各事業部にどこまできちんと考えを巡らしているのかもよく分からなかったな」

中期経営計画の発表は日本企業特有

まず、そもそも論として、企業が中期経営計画を策定し、開示することは海外では一般的ではありません。計画を作ること自体に労力や時間を要しますし、企業や投資家にとって必要なのは、３年先の数字ではなく、長期的なビジョンだからです。日本企業でもすでに中期経営計画を廃止している企業はあります。例えば、味の素は中期経営計画を廃止し、2030年のありたい姿を設定しています。日本が誇るグローバル企業の代表である信越化学工業は90年代に故金川千尋会長の就任時に中期経営計画を廃止しています。

ここで中期経営計画を策定することが良いか悪いかを議論するつもりはありません。どちらにしろ、発表されている以上、投資家が日本企業を見極める際に活用する情報の一つとなります。ではなぜ、ファンドマネジャーは「計画をどのように作ったのか」を聞きたいのでしょうか？

一般的には、計画に対して、現時点での実現可能性を見極めるためです。そのために、計画達成に必要なことが盛り込まれているか、人員やそのほか必要リソースに対してロジカルな前提が立てられているか、市場環境をどう分析しているのか、いろいろ言っていることの辻つまが合うのか、それらを確認したいのです。よく考え抜かれた計画は信憑性が高く、投資家はそうした企業を長期的な良いパートナーの候補として検討に値すると考えるのです。

計画と結果がかなりずれている場合、そのずれを短期取引のネタにするファンドもあります。中には、毎回強気で達成できない計画を発表し、それを下方修正することを続ける企業は短期空売りの対象となることもしばしばです。未達成を避けるための弱気過ぎる目標もあまり好まれません。公表数字が未達成になることを防ぐために、あえてコンサバ[※]過ぎる計画を掲げる企業にも物足りなさを感じてしまうものです。

「すでにROEが高い企業＝投資対象」ではない

中期経営計画の目標として、売上高や利益率と同じくらい企業が重要視をして掲げるのがROE[※1]でしょう。伊藤レポート[※2]で指摘されたことなどもあり、多くの経営者は中期経営計画などでROE目標を設定するようになり、何％であれば株式市場を喜ばせることができるか（または、少なくとも落胆させないか）に頭を悩ませてきました。

しかし大切なのは市場が喜ぶ数字を設定するよりも、どうやって改善し、どうやって維持するのかです。また、ROE目標の数値を達成すること自体が目標であっても

※　コンサバティブの略で、保守的な意。

※1　Return On Equityの略で、自己資本利益率のこと。

※2　経済産業省が2014年に公表した『持続的成長への競争力とインセンティブ～企業と投資家の望ましい関係構築～』プロジェクトの報告書のこと。プロジェクトの座長が当時一橋大学教授であった伊藤邦雄氏であったことから「伊藤レポート」と呼ばれています。

いけません。例えば、中期経営計画の最終年度に10％などと目標を置き、数字を達成することが目的であれば、自社株買いなどで資本（E）を小さくし、最終年度に合わせて特別利益が出るような売却などをして純利益（R）を大きくすることでその場を乗り切ることは可能です。

グローバル投資家は、達成することではなく達成するプロセスに注目します。そして、今後事業が大変革し、結果的にROEやROA[※]が大きく改善する企業に投資妙味が増すと考えます。

資本コストを考慮した計画か

企業の資産効率を測る指標にはROEやROAのほか、運用資本に対する利益率（ROCE[※1]）、投資資本に対する利益率（ROIC[※2]）、在庫回転率[※3]、固定資産回転率[※4]などがあります。どの指標に注力するかは事業形態などによって異なり、いくつか組み合わせて、いろいろな角度で考える必要があります。

※ Return On Assetsの略で、総資産に対する利益率のこと。

※1 Return On Capital Employedの略。

※2 Return On Invested Capitalの略。

※3 保有する在庫をどれだけ迅速に売り上げにするかを評価する指標。

※4 利益を生み出すためにどれだけ効果的に固定資産を利用しているかを評価する指標。

ＲＯＩＣが高ければ企業投資の収益性が高いことを意味しますが、その高い収益性を出すための資本コストを考慮する必要があります。企業価値を生むためには、ＲＯＩＣが資本コストを上回っていなければなりません。

企業計画におけるバランスシートのあるべき姿として、財務の健全性を表す「Ｎｅｔ Ｄ／Ｅレシオ」※の目標値が設定されることがあります。目標値に基づいて、まずどれだけ借金を返す必要があるのかを逆算し、必要な借金返済をした後、残ったキャッシュフローを新規投資や株主還元に配分するのです。このような配分の考え方は、借金が膨れ上がっている企業にとっては適切でしょうが、グローバル投資家は、日本では一般的にプラスとして見られている無借金経営を良いこととは思っていません。逆に、「なぜ借金しないの？」という質問を投げかけるでしょう。

既存事業か新規投資かにかかわらず、企業が資本コスト、そして最適な資本構成を意識した計画作りをしているかどうかを、グローバル投資家は確認したいと考えています。

※ 企業の純有利子負債（Ｎｅｔ Ｄｅｂｔ）と株主資本（Ｅｑｕｉｔｙ）の比率。

計画作りには経営層の能力や社内文化が反映されている

グローバル投資家は、計画に信憑性があるかと同時に、計画の作り方などからその企業の経営スタイルや、部署を超えた連携がきちんとできているかなど、現場の状況を読み取ろうとします。

計画作りには経営層の能力や社内文化が反映されているからです。また、計画の作り方の変化が社内プロセスや方向性の変化、特定の事業の風向きが変わったことによる変化を表すこともあります。

例えば、計画をすべて日本本社の一部の人間が作っていた企業が、グローバルロケーションのヘッドの意見を積極的に反映するようになった場合、社内での事業決定プロセスが変わったことをうかがわせます。その企業が「今まで海外ビジネスを全く理解していない本社の人間が、すべて最終決定権を持っていたことで海外の事業が思うように進まなかった」のであれば、そうした変化は良い動きが起きているのかもしれないなどと考え始めるのです。

グローバル投資家は、上場企業が公的に開示している細かい情報にも目を配り、その企業について様々なことを分析します。数字だけを見ているわけではないのです。

グローバル投資家がよくする質問

グローバル投資家が事業の長期の方向性を考える上で、よく質問をするトピックには以下のようなものがあります。

- 顧客はなぜ他社の商品ではなく御社の商品を買うのか？
- なぜ値上げをしないのか？
- この製品を作るに当たって外部から購入している重要な部品はあるか？
- 社員が独立し、競合会社をつくることは可能か？

これらは読んで字のごとくの質問ですが、「なぜ値上げをしないのか？」という質問の背景を説明すると、今でこそ日本ではインフレーションが進行しているものの、値段が必ずしも需給を反映しないというのが日本特有の事象だからです。

海外において、需要が供給を上回る状況では、製品価格の上昇は一般的な現象となります。特にコストが上がっている場合、価格の上昇はより顕著になります。これは資本主義経済の基本的な原理で、価格は需要に応じて変動します。

しかし日本では、顧客との長年の関係を大切にするなどの日本特有の理由で価格を十分に上げることが難しい事例が多くあります。これは、海外投資家にとって理解しにくく、日本市場への投資を躊躇《ちゅうちょ》させる原因になる良い例でしょう。

その他、グローバル投資家は、ガバナンスやインセンティブに関しての質問をします。これらは第5章で触れていますが、企業計画に基づいて、経営層がどのようにインセンティブ付けされているかはグローバル投資家が気にかけるところです。

3-4

How do you identify your investment targets?

投資をする準備はできている?

営業キャッシュフローの使い道として、新規事業やM&A、設備などへの投資があると説明しました。これに関連して、グローバル投資家が企業の担当者によく聞くのがこの質問です。

How do you identify your investment targets?

直訳すると「どのようにして（新規）投資案件を発掘するの？」で、そこに込められている投資家の意図は「投資をする準備はできている？」となります。これは、企業がM&Aなど新規投資をする際の案件をそもそもどうやって探し出しているのかを問う質問ですが、グローバル投資家が知りたいのは、企業がそもそも成功する新規投資をする状況にあるかどうかです。

新規投資をしたいと思っているけれど、特に自社で探索をしているわけでもなく、証券会社などが案件を持ち込むのを待っているのか、それとも、買い足すことで既存事業の効率化に貢献したり、シナジーが生まれたりするであろう事業を検討し、M&Aチームを抱えて常にサーチをかけているのかなどを探っているのです。もちろん自社でM&Aチームを抱えることは容易ではなく、外部業者を含め複数の情報網を張ることは良いことですが、外部に任せっきりで、計画性のないM&Aでは好まれません。

グローバル投資家は、続けてこう聞くことがあります。

Are you considering overseas investments?

「海外投資を検討していますか?」となりますが、これは単純に海外投資をするかどうかを知りたくて聞いているのではありません。この質問には、グローバル投資家の思惑が見え隠れします。例えば、次のような思惑です。

「御社の事業は国内で強いポジションにあり、魅力的なリターンをもたらし、なおかつまだまだ国内市場シェアを伸ばす余地があります。そんな状況で国内事業から気がそれる海外投資なんて考えていませんよね」

「海外未経験なんですから、新規投資はなるべくなら国内で既存事業とシナジーがあるものにしたほうがいいですよ。海外投資は失敗の可能性が高く、万全の準備無しにそんなことを考えているのなら、御社への投資はリスクが高く、躊躇してしまいます」

もし国内の既存事業に成長余地があるならそれに投資をすること、または周辺ビジネスで既存事業とシナジーが見込めるならそれに資金を使ってほしいと、グローバル投資家は考えるものです。

日本企業の海外投資実績はあまり褒められるものではない

「海外新規投資」「海外成長投資」「海外M&A」などというと聞こえがよく、将来性が見込めそうなイメージですが、日本に投資をするグローバル投資家は必ずしもそのようには見ません。海外投資はどの国の企業にとっても難しいですが、「日本企業の海外投資実績はあまり褒められるものではない」という印象を持っています。

もちろん、既存事業の延長で、かつグローバルでブランド名が認知されており、商品やサービスが世界中のどこでも大体同じものが提供できる場合の海外新規投資は別です。例えば自動車会社による海外工場への投資などがこれに当たります。何をもって成功とするのかは企業や人、それぞれのものさしがあるかもしれませんが、適正なバリュエーション※で、既存の事業を強化したり、既存の事業とシナジーを生んで新たな成長のドライバーとなったりして、売り上げや利益に恩恵をもたらせば成功といえるでしょう。

一方で、既存の商品やサービスを提供してうまくいかなかったケース、海外買収で高値を支払って統合プロセスを含めあまり結果が出ず、減損をしたのち売却をせざるを得なくなるなどのケースは数えきれないほどあります。投資先と何をしたいのか、どう活用したいのか、といったビジョンを明確に持って買収しないとうまくいかないものです。

M&Aは結婚のようなものです。会ったばかりの人ととりあえず結婚し、結婚してからその先を考えるようでは、うまくいかない確率は高くなります。ましてや国際結婚で、文化や言葉も知らない国の人だったらなおさらです。

※　企業価値を評価すること。

海外投資をするための下準備をする

日本企業の海外投資実績はあまり褒められるものではないのですが、もちろん、高い評価を得ているケースはあります。例えば、リクルートによる米インディード社の買収です。２０１２年当時、１０００億円という価格に市場は懐疑的だったかもしれませんが、結果的にグローバル投資家が口をそろえて高い評価をする案件です。

成功したケースに共通するのは、企業の経営層が海外情報や海外ビジネスに精通していること、すでに大きな海外拠点を持っていること、などがいえます。すべては情報と準備なのです。もし、今まで海外買収をしたことはないが今後数年の間に検討したいと考えているのであれば、外部業者に案件発掘を委託して見つけてもらうのではなく、まず、海外の情報が入ってくる体制をつくることに投資をする必要があります。そして、正しいインセンティブ付けを導入するのです。

グローバル投資家は不慣れなことに準備無しに投資する企業を敬遠しがちで、結果的に良い案件であっても、その証拠が見えてくるまで懐疑的に見る傾向があります。

従って、そもそもそうならないように、グローバル投資家が安心するような体制づくりをしてから行動に出ることをお勧めします。

3-5

What’s your shareholder return policy?

適切な株主還元と成長のバランスを考える

キャッシュの使い道として、株主還元があると説明しました。これに関連して、グローバル投資家が企業の担当者に聞くのがこの質問です。

What's your shareholder return policy?

直訳すると「株主還元政策について教えてください」、そこに込められている投資家の意図は「適切な株主還元と成長のバランスを考える」となります。

株主還元には「配当」と「自社株買い」があり、株価や企業価値を形成する大きな要素の一つです。配当は1株ごとに支払われる現金のことで、自社株買いはバイバックとも呼ばれ、発行済み株式を市場から購入することです。

株主還元政策として「毎年最低何十円」「絶対減配をしない」「毎年増配」などの方針を持つ企業もあり、そうした企業は個人投資家に好まれます。グローバル投資家が確認したいのはそうしたことではなく、株主に対して還元される額がどのような根拠や背景で決められているかです。企業によっては、株主還元を短期的な株価対策として検討することがありますが、企業価値を高めるものではなく、グローバル投資家は好ましく受け止めません。

配当か自社株買いか

株主還元策として、純利益の決まった額を配当として支払う配当性向や、純利益の決まった額を株主還元（配当および自社株買い）に割り当てる総還元性向があります。最近では、株主資本に対して支払う割合を定める株主資本配当率（DOE※）を導入する企業も増えています。

「配当か、自社株買いか」。これは企業それぞれの状況を検討する必要があり、一つの正しい答えはありませんが、一般論としては次がいえるでしょう。

まず、自社株買いは流通株式数を減らすため、流通株1株当たりの利益（EPS※）を高めるだけでなく、市場における株の需給を引き締めることになるので株価上昇を望むことができます。また、状況によっては、経営層が「現在の株価は過小評価され

※ Dividend On Equityの略。

※ Earnings Per Shareの略。

ている」との考えを持っているというシグナリング効果になることもあります。一方、配当は、配当利回りに基づいて株価の下支えをする効果を発揮する場合もあります。その株式が「本当に良い」と思っている投資家からすると、分配された配当を同じ株式に再投資する手続きを考える場合、税金や手数料を余分に払うことになります。自社株買いはこの作業を継続保有の投資家に自動で手数料無しでやってくれる良い仕組みとなるのです。

ただし自社株買いは、一般的に一時的な株価の支援手段になり得ることもあり、必ずしも長期的な企業価値の向上に寄与するとは限りませんし、そもそも流動性が乏しい企業が自社株買いをするのは好ましくありません。

株主還元が成長を妨げてはいけない

株主還元政策を考える上で、現金を株主と成長投資のどちらにどれだけ振り分けるかも考えなければいけません。

保有株に対してより多くの還元がされることは魅力的です。ただし、企業が払い出し過ぎて、成長機会に投資をするキャッシュが不足するような事態になってしまっては元も子もありません。一方で、すでにバランスシート（貸借対照表）に現金をため込んでいる企業は、それを投資や株主還元で活用することを検討する必要があります。企業それぞれの状況に基づいた最適な判断をすることが求められます。

例えば、国内市場に特化した商品を提供し、すでに大きなマーケットシェアをとっている企業があるとします。市場は拡大もしないものの縮小もせず、マーケットシェアはとれるだけとり切った状態で、既存顧客にアップセル※する余地はなく、また、国内にしかニーズはありません。毎年一定の売り上げと利益は出ていますが、上下に振れることはなく、バランスシートも健全で借り入れも特にありません。もしこんな企業があったとすれば、余剰現金をすべて株主還元に使ってもよいかもしれません。

一方で、スタートアップや、上場したばかりの企業では無配当も珍しくありません。キャッシュを株主に還元するのではなく、事業に投資するのです。

※　より上位の商品を推奨して客単価を上げること。

これらは極端な例であり、通常は、株主還元と成長投資のバランスをとります。バランスとして参考になるのは同業他社、グローバルな業界や企業ならグローバル同業他社も参考になるかもしれません。後は、ＩＲ面談に来た長期目線の投資家に率直に聞いてみるのもよいと思います。

増配は株価を上げるか？

「増配は株価を上げるか？」と問われれば、一見ＹＥＳという答えが正しいように感じますが、実際はケースバイケースであるというのが適切な回答でしょう。

一時的に大きな利益が出たときに大増配し、株価は短期的に上がっても、増配が一過性のものであれば、株価は短期で上下するだけでしょう。逆に、増配が長期継続可能であれば、上がった後の株価が継続されることもあります。株価が上がるかどうか、どれだけ上がるかは、増配した理由、配当政策、その時点の配当利回りなどによるでしょう。もともと配当利回りが高い企業が増配すれば株価が上がりやすいですが、そうでない場合は、配当額の変化率が高くないと焼け石に水となるでしょう。

また、株価が上がることと、企業価値が上がることは別の話です。そして、市場が既に増配を期待していた場合、その期待値を織り込んだ株の動きとなるでしょう。例えば、増配しても、市場が期待していた額より低ければ、株価が下落することもあり得るのです。

ちなみにもう一つの還元策として株主優待があることは多くの方がご存じでしょう。個人株主が多い企業の場合、株主優待の額が利回りの一部として捉えられ、株価の支えになることもまれにあります。例えば、化粧品会社から提供されるスキンケアグッズの小売価格があたかも「配当額」として捉えられるということです。ただし、機関投資家はその恩恵を受けませんし、送料などがかかることを考えても資金を有効活用していないと冷ややかな見方をします。

繰り返しになりますが、株主還元政策は企業の長期的な戦略と整合する必要があり、短期的な株価上昇を目的とした策は長期的な企業価値に必ずしも貢献しない、「適切な株主還元と成長のバランスを考える」ことが重要なのです。

3-6

We propose a share buyback

投資家と対話することが大事

一昔前は、キャッシュの内部留保などに関して、株主からの意見に耳を全く傾けない企業が多かったのですが、近年は、コーポレートガバナンスコードの導入などもあり、株主ときちんと対話をする企業が増えています。また、いわゆる物言う株主であるアクティビストの存在もあり、株主側の意見が企業経営判断に影響を及ぼすことも多くなっています。

ある日、当社株を大量に保有する機関投資家から次のような提案が届いたら、あなたはどうしますか?

We propose a share buyback

日本語にすると「自社株買いを提案します」※であり、そこに込められている意図は「投資家と対話することが大事」となります。

※ 現実にアクティビストから届くレターは、自社株買いだけを求めるものではなく、企業の事業のあり方、経営層のスキル、営業キャッシュフローの配分など様々であり、通常提案をする根拠となるデータや情報、意見が述べられています。アクティビストのレターに記載されたデータや情報、意見がどれだけよく調査をされ、考え抜かれたものであるかを見定めることも、その後の対応を検討する際の良いベンチマークになるでしょう。

投資家を知る

上場しているならフェアディスクロージャー※に基づいて、市場プレイヤーと対話をしなければなりません。様々な機関投資家が何を考えているかを聞き、企業の長期経営のことを考えている人たちの意見を精査して取り入れることはとてもメリットがあります。企業は、ＩＲ部門だけでなく経営層も積極的に投資家とコミュニケーションをとるべきです。

「アクティビスト＝敵対的」という考え方もされますが、株価や本業にどのような影響をもたらすかという意味で、良い影響をもたらすアクティビストのアクションもありますし、アクティビスト以外の投資家でも、株価に不必要なボラティリティー（変動）や影響をもたらすところもあります。

機関投資家は様々で、まずロングオンリーやヘッジファンドなどのカテゴリーに分かれます。一般に、ロングオンリーは長期的なビジョンや企業価値向上に焦点を当て

※　市場において、企業が重要な情報を公平に、また均等にすべての投資家や利害関係者に開示することを指します。

ることが多い一方で、ヘッジファンドは短期的な株価変動に注目することがあります。

ヘッジファンドの手法の一例として、「マーケットニュートラル」と呼ばれるものがあります。[※] マーケットニュートラルとは、もしある業界のA社をロング（買い）にするならば、同じ業界のB社をショート（売り）にし、そのセクターにまつわるリスクをネットゼロにするペアトレードを取り入れる方法です。

例えば自動車業界の場合、業界の中でトヨタ自動車の株価だけ上がる理由があると判断しているとき、トヨタ株ロング、ホンダ株をショートにするのです。そうすると、自動車業界にまつわる株価の動きがあったとき、その動きは相反されますが、トヨタ株が上がる理由は残ります。この差異は一般的にアルファといわれるものです。このようなヘッジファンドは、中長期の企業価値に基本的に興味はなく、比較的短期的な株価の動きに興味があります。

機関投資家にはそれぞれの戦略や投資スタイル、リスク許容度があり、機関投資家の運用するファンドの投資家へリターンをもたらさなければいけません。そして、様々

※ ヘッジファンドの手法には、ほかには、企業の基本的な財務データを分析し、株式の企業価値を評価するファンダメンタルロングショート、M&A、企業の再編などに注目し、そのイベントが価格に与える影響を予測して投資するイベントドリブン、数理モデルやアルゴリズムを利用して、システマティックに取引するクオンツ戦略、信用リスクを分析して投資するクレジット戦略、複数の戦略を組み合わせてリスク分散するマルチ戦略などがあります。

な考えを持った投資家が存在するから市場に流動性があり、市場が成り立っているわけで、短期目線の投資家にも役割はあります。一つの例として、短期筋の人が大きく株価が下がることにベットしたことによって株価を押し下げたのであれば、それは長期目線の人が新規購入や買い増しをする機会になります。

ただ、はっきりと申し上げれば、短期的な目線で取引をしている投資家は、企業にとって、長期的に企業価値を向上するための資本を提供する存在ではありません。また、必ずしも株主である機関投資家の言っていることが正しいとは限りません。中には短期的に株価が切り上がった時に売り抜けようと考えている場合もあります。

当該企業の長期事業戦略のメリットにならない短期的な増配や自社株買いを提案し、株価が上がったところで持っているポジションを売り、需給を壊した挙げ句、株価が下がってしまうこともあります。冒頭の機関投資家の狙いはこれかもしれません。もしそうだとしたら、企業価値を高めるものではないので、言われたとおりのアクションを取るのではなく、建設的に議論をすることをお勧めします。

企業は、長期目線で投資をし、本当の意味で企業と株主にとって有益なアドバイスやリソースを注いでくれる投資家を増やすことが大切です。

望ましいＩＲ活動

そのためには何をすればいいのでしょうか。ＩＲとは、主に四半期決算や事業の進捗を報告書や面談を通して伝えることですが、ＩＲ面談は一方的に情報を発信する場ではなく、相互のコミュニケーションの場と捉えるべきです。相手の戦略や、どうして企業・株式に興味を持ったのかを質問して理解をする、また、質問意図が分からないときにはそれを聞いてみればいいのです。

長期目線で企業とウィンウィンになるような投資家をもっと増やすには、企業のビジョン、計画、それをどう達成するかをロジカルに発信することです。話が大き過ぎて信じられないような計画ではいけないですが、コンサバ過ぎてもよくありません。

ＩＲ部門だけでなく、経営層が自ら定期的に発信することも大切です。企業の将来の方向性を決める経営層が自らの言葉で発信することに意味があります。ある事業についてあまり市場に知られていないが、これから伸びると期待されているのであれば、当該事業部の部長を引っ張ってきて、事業説明会などをするのもよいでしょう。

また、すべての投資家にあまねく同じ情報を提供し、それ以上の情報を提供しないのが、ＩＲ活動の発信側に求められることです。お気に入りのアナリストや一部の投資家に特別な情報を提供したり、レベルが低いとか信念が合わないなどという理由で嫌いな投資家を無視したりするのは、「セレクティブディスクロージャー」といい、そもそも証券取引法の原則違反です。原則として、1人の投資家に公表した情報は、すべての投資家に公表する必要があります。

「グローバル投資家から資金を調達したい」「グローバル投資家から注目されるようになりたい」と思うなら、まずは発表する資料や説明会なども英語と日本語の両方で、できれば同じタイミングで実施するのが好ましいです。いきなり海外に出向くより、「投資を検討するに値する」とグローバル投資家が思う状況をつくることです。そうしておかないと、海外に行っても、そもそも面談を受けてくれません。

よく「大きな機関投資家が入るから株価が上がる」と聞きますが、それはどちらかというと結果論です。業績がきちんと伸び、何かしらポジティブな変化が起きていれば機関投資家の目に留まり、興味を持ってもらえるのです。そもそも論として、企業価値が上がる経営をすることが大切で、きちんと市場とコミュニケーションをとり、その上で企業とインセンティブがマッチした投資家に入ってもらうことで、さらなる株価、そして企業価値の向上につながっていくのです。

第4章

上場株式投資
ファンド投資会議

4-1

Be a contrarian

人と違った思考を持つことが
アルファの源泉となる

ファンド社内の投資会議で、アナリストが推薦銘柄のプレゼンを終えようとしているところです。最後にアナリストは「多くの証券会社も高く評価しており、同業他社もとても興味を持っている銘柄です」と語ったところ、聞いていたファンドマネジャーは次のように発言して会を終わらせました。

Be a contrarian

「contrarian」とは、周囲の大多数の人々と反対の意見を持つ人のこと。ここから転じて、いわゆる「逆張り投資家」という意味を持ちます。その対義語は「コンセンサス」です。このフレーズに込められている投資家の意図は、「人と違った思考を持つことがアルファの源泉となる」です。

市場コンセンサスと同じでは勝てない

マーケットの共通認識を精査する際、企業収益や株価動向、経済予測について、複数のアナリストやエコノミストがどのような見通しを持っているのかを調査します。

この見通しを平均化したものが市場コンセンサスとなります。

投資の意思決定では、市場コンセンサスを正確に捉える必要があります。なぜなら、市場コンセンサスと同じように投資していては勝てないからです。大切なことは、市場コンセンサス、つまり世の中の人たちの平均的な理解とは異なった理由で値が動く株に投資することです。

仮にＡＩ銘柄がこの先1年で2倍に値上がりすると多くの市場関係者が予測しているとすれば、それが市場コンセンサスです。つまり、世の中の期待値、市場の理解度の平均のようなものです。

この時点で通常、ＡＩ銘柄の株価は、市場コンセンサスを織り込んでいます。多くのアナリストが「買い」推奨をし、株価上昇余地が数倍あるというレポートを発表していれば、株価はすでに高値圏にあるはずです。その時点でＡＩ銘柄を買っても、大きな利益を得ることは難しいでしょう。

あなたの差異化した視点は？

冒頭のファンドマネジャーはＮＧの意味で「Be a contrarian」と発言したわけですが、逆の評価ならこう聞くでしょう。

What is your differentiated view?

直訳すると「あなたの差異化した視点は？」です。要は、「あなたはどんな独自情報を持っているのか？」と期待して聞いているわけです。

一般的に、市場コンセンサスを上回る材料が発表されると、さらに値上がりします※。成功する投資家は、様々な情報を分析し、自分なりの投資仮説を立てます。つまり、多くの人はまだ気付いていない「真実」に気付いてこそ、もうけるチャンスがあるわけです。

※ もちろん「良いニュースは出尽くした」などの理由で、コンセンサスを上回る決算直後に売られることなどもあります。

ただ、自分だけが「真実」に気付いたところで、株価は動きません。株価は需給に左右されます。「将来、このくらい稼ぐ力があるのではないか」「それを踏まえて値上がりするのではないか」という投資家の期待値が高まったとき、買いが殺到し、株価は高騰します。重要なのは、世の中よりも少しだけ早く「真実」に気付けるかどうかです。

投資とは、突き詰めて言えば、他人より先に安く買い、先に高く売ることです。他人と同じものを同じように見ているだけでは勝てません。現在は株価に反映されていないけれども、やがてみんなが知ることになれば株価を引き上げる、そうした「真実」をいち早く見つけた投資家が勝ちます。もちろんこれは、いわゆるインサイダー取引につながる、その企業しか知り得ない秘密の情報を見つけることではなく、投資家独自の分析に基づいて発見する事実のことです。

「ほかの人がまだ気付いていない」ことにいち早く気付くことが大切で、そのためには、他人とは違う視点を持ち、アンテナを広げ、独自の情報入手ルートを持つことが必要です。

注意しないといけないことは、「差異化した視点」とは、「独善的な視点」ではありません。あなたの視点が誰にも理解されないのであれば、その視点が実現化、すなわち株価に反映されることはありません。これは、ビジネスでも同じでしょう。いくら斬新で素晴らしいサービスや商品であっても、市場が受け入れる準備ができていないと、失敗に終わってしまいます。

ほかと違うプロセスを持つ人は高く評価される

アナリストの採用面接では「あなたの投資プロセスを教えてください」と質問されることがあります。これは「他人と違う視点」を獲得するために、どのような方法論を確立しているかを知りたいためです。方法論は投資家によって千差万別なので、絶対的な正解があるわけではありませんが、ほかと違うプロセスを持つ人は高く評価されます。

「他人と違う自分ならではの視点」を持つために、投資家は様々な情報を収集しています。人口動態などでマクロ経済指標を追う投資家や、企業にインタビューをする回数が多い投資家もいます。売上統計や物価指数など、様々な統計をひたすら追う投資家もいます。

日々の生活でアンテナを張って情報収集することは基本です。疑問に感じたことや、ちょっとした違和感があれば、いろいろな人にとにかく質問をぶつけてみるとよいでしょう。私は昔、中国人の知人を見つけては、「最近、流行しているものは何？」「人気のある日本企業はどこ？」「中国で今どんなブームが起きているの？」と質問をぶつけていました。これは、日本企業の多くが中国から売上利益を上げている一方、現地の情報が日本市場に届くまで意外と時間がかかっていたからです。

また、私がよく行っていたのは、欧米で起きたことに基づくケーススタディーです。例えば、ＥＣが小売業界にディスラプション※を起こしたのは、どのような要件がそろったときかといった分析を行い、それを日本市場に当てはめるのです。日本では、欧米で起きたことが数年のタイムラグで起こるからです。

欧米市場は情報にあふれており、差異化した情報で投資することは難しいと感じて

※ 破壊の意。

いるのですが、日本市場は違います。海外市場での売上比率が高い割に、海外の情報がスムーズに入ってこないし、言語や文化の壁があるため、差異化した視点を持って投資や事業を行うチャンスにあふれています。

うまくいくのは好奇心を持って考えられる人

企業は人の集合体である以上、すべてがロジカルな意思決定の下に動いているわけではありません。投資も同じで、机上の計算だけでなく、人の思惑や様々な感情によって動いています。すべてが合理的に白か黒かで物事が決まるわけではないのです。「人と違った思考を持つことがアルファの源泉となる」のです。

成功している投資家を見ると、いろいろな人と話をして、情報を聞いて、マニアックなことから当たり前のことまで、様々なことに興味を持っています。人それぞれであり、正解はありませんが、そうした姿勢が大切だと感じます。

分析にはたけているけれども、がちがちのロジックにこだわる人は時として投資に苦戦をします。「自分の考えていたロジックから外れた値動きがなぜ起きたのか」と興味を持ち、自分が正しかったのか正しくなかったのかを超えて好奇心を持って考えられる人は、うまくいくものです。

4-2

Which analyst wrote the report?

証券会社の推奨や目標株価は
気にする必要はない

マーケットが引けた夕方、新人アナリストCさんのメール受信箱に証券会社からアナリストレポートが届きました。タイトルを見ると、「証券会社にてD社新規カバレッジ開始：売り推奨　目標株価５０００円」とあります。D社は最近Cさんが勤めるファンドで投資をしたばかりで、ここから3年で株価は2倍になるであろうと判断した銘柄です。Cさんは慌ててファンドマネジャーに、「自分たちが上がると思って保有する銘柄の売り推奨レポートが証券会社から発行された」ことを報告したところ、ひと言、こう言われました。

Which analyst wrote the report?

日本語にすると「どのアナリストがレポートを書いているの？」となりますが、そこに込められているファンドマネジャーの意図は「証券会社の推奨や目標株価は気にする必要はない」です。

証券会社の株式調査部は、機関投資家向けに上場企業の「評価レポート」や「アップデートレポート」を定期的に書き、投資家側の新規投資案件の発掘・調査をサポートします。先のフレーズにある「レポート」とは株式調査部による「評価レポート」や「アップデートレポート」を指し、「アナリスト」とは、そうしたレポートを書く株式調査部の人のことです。また、レポート執筆対象になることを「カバレッジ」と呼びます。大手企業だと10社以上の証券会社からカバレッジされますが、新規上場企業だと全くカバレッジされていないこともあります。

一般的な投資家は「証券会社の推奨や目標株価は何であるか」を気にすることが多いのですが、グローバル投資家は「誰が何を書いているのか」に注目しています。

なぜ証券会社はレポートを書くのか、上場企業にとってカバレッジされることの意味は何かを説明した上で、グローバル投資家がなぜアナリストに着目するのかを説明します。

カバレッジされることの意味

証券会社に勤めるアナリストは、一般的にセルサイド※アナリストと呼びます。彼

※ セルサイドとは証券会社のこと。その言葉の対比で、証券会社のサービス提供を受ける投資家のことをバイサイドと呼ぶことがあります。

らは、企業や投資家に対して株式を含む様々な金融商品に関するアドバイスや評価をレポートとして提供します。一般的に、株式部門に在籍をするセルサイドアナリストは、特定の上場企業および業界を調査し、その情報を投資家に共有します。レポートを提供することで投資家の関心を引き、株式の取引量や流動性に影響を及ぼすこともしばしばです。

新規上場企業や時価総額が小さい企業にとって、カバレッジされることは大きな宣伝効果になります。企業に価値があっても、それを投資家から発見されなければ、株に対する需要につながらないからです。新規上場企業にとって、セルサイドからカバレッジを受けられるかどうかは大きな課題です。

「セルサイドのカバレッジを受けたいのだが、どうすればよいか」という質問をたびたび受けますが、それはニワトリと卵の議論です。まず自社の事業戦略と結果（売り上げ成長・利益など）を示すことが先で、そうした戦略も分かりやすく伝えなければなりません。企業の独自性や競争力を強調し、セルサイドが興味を持ちやすくしなければならないのです。

時価総額が比較的小さい企業でも、多くのカバレッジがされている業界があります。その一例は半導体業界です。小さい企業の事業状況や計画から、業界全般に関わる状況をつかめることがあるからです。そうした企業をカバレッジすることで、多くの情報とインサイトを得ることができるだけでなく、今は小さくても業界と共に成長する可能性を秘めているからです。このような企業のレポートでは、業界全体の動向と魅力、その中でその企業のプロダクトがどのような優位性を持っていて、業界と共に成長が可能であるかを伝えることができれば、投資家の調査の役に立つことになります。

ただ、セルサイドのビジネスモデルは主に売買手数料を得ることです。セルサイドアナリストは、証券会社が企業の株式などの金融商品の売買手数料を得るために、投資家の調査や分析、投資判断に役立つリソースやサービスを提供する役割を持っています。つまり、資金の投資先を発掘をするために調査や分析をするバイサイドアナリストとは目的が異なります。

セルサイドアナリストは、売り推奨レポートなどネガティブな企業レポートを書く場合もあります。売り推奨に書かれている内容が間違っているのであればそれを正す必要がありますが、「セルサイドと付き合う」ということは、「いろいろな意見が出てくる」ということを覚えておく必要があります。

投資家が知りたいのは推奨の背景

前置きが長くなってしまいましたが、グローバル投資家はカバレッジ数や、セルサイド推奨ではなく、「誰が何を書いているのか」に注目します。アナリストごとに癖はありますし、過去の実績に基づいて信頼度も異なります。あえて極端な意見を書くアナリストもいれば、地道に業界の隅々の情報を集めてそれを発信するアナリスト、分析が尖っていて差異化された意見を述べるアナリストなど、様々です。

グローバル投資家は、セルサイドの売り・買い推奨、目標株価や業績予想はコンセンサスを形成する要素として気に留めますが、セルサイドアナリストの意見をそのまま取り入れることはありません。グローバル投資家が知りたいのは、その意見や数字の背景です。投資家自身がすでに意見を持っている銘柄であれば、「自分の意見とどう違うのか」と精査します。投資家が意見を持っていない場合は、セルサイドアナリストの意見を参考に、自分でも調査をして結論を出すのが通常です。

投資家がどのようなレポートを好むかは、それぞれの持っている投資戦略によって異なります。重要なのは、アナリストの癖や傾向・実績を把握した上でレポートを読み、自分なりに取り込むことです。

企業側にも同じことがいえます。それぞれのアナリストや証券会社のことを理解した上で、自社にとって最善なアナリストを見つけて付き合いを始め、良い関係を継続させることが重要です。優秀なアナリストは、市場状況や業界の課題、企業戦略の改善策がどこにあるか、などについて、有益な情報を持っていることが多いのです。投資家の関心を引くためだけでなく、彼らの持つ情報を共有してもらい、今後の経営計画などに役立てることも株価上昇へつながる方法の一つになります。

4-3

What's the time horizon?

時間の価値

アナリストが、ファンドマネジャーに新しい投資アイデアをピッチしています。

アナリスト「E社は今年外部から新しい社長を受け入れ、成長投資だけではなく、ガバナンス改革にも積極的です。多角化していた事業も整理されるでしょう。これまであまり注目されない銘柄でしたが、市場が考え方を見直し、株価が上がる局面が来ると思います」

ファンドマネジャー「望ましい方向に進んでいるようだが、What's the time horizon?／時間軸は？」

アナリスト「現在の中期経営計画は今年が最終年で、そろそろ新中期経営計画が発表されると思います。そこからアクションが起こり、結果をもたらせるのは早くても2年後。ただ、事業数やグローバルロケーションも多く、内外部のステークホルダーとの話し合いに時間もかかるであろうことを考えると、現実的には3～4年後がベストケースではないでしょうか」

ファンドマネジャー「だったら、本当に変化の兆しが表れた時にもう一度アップデートしてくれ。今その銘柄を追うのは時間の無駄だろう」

ファンドマネジャーは、企業の改革を歓迎して興味を示しますが、その変化が期待する時間軸と合っていないと投資対象にはならないのです。

What is the time horizon?

このフレーズに込められている投資家の意図は「時間の価値」です。

「日本企業は時間がかかる」とのコンセンサス

「日本のビジネス文化は決定に時間がかかり、しかも、結果より付加価値のない多くのプロセスを重視する」というのがグローバル投資家のコンセンサスです。

もちろん、「しっかりとプロセスを踏むことが悪いのではなく、それがビジネスパートナーとしての信頼につながっている」と考えるグローバル投資家もいます。でも多くは、「日本企業が掲げる改革は結果が出るとしても数年先だから、その改革への路線変更をきっかけに今すぐ投資する必要はない。精査しても結果が出るまで何年もかかる」と見られがちです。結果的に、改革の成果が出た頃には投資家の興味がすっかりなくなり、忘れられてしまっているということが多々あります。なんとももったいない話です。

投資家の時間感覚

「時間」に関して、グローバル投資家は次の2点を常に考えています。

①時間軸という一定の時間内で、最大限のリターンを生む

どんなに長期目線で投資する投資家であっても、もし企業の変化が実現または市場に認知されるのが数年先だったら、そこに今すぐ投資しません。その待ち時間にほかの案件でリターンを得ることを試みるからです。その時間的機会損失自体が、Compound（コンパウンド）／複利効果を伴います。

②時間というリソースには限りがある

一人の投資家が分析に使える時間は限られています。限られた時間の中で、どの投資候補案件を分析することが最善かをまず決めなければなりません。魅力的な投資候補があふれていて、どれから取り掛かればよいか迷う場合、リスクリワード※だけでなく、どれだけ「分かりやすい」投資であるかも重要です。

もし、米国と日本に同じリスクリワードが見込めそうな案件があったら、グローバル投資家は間違いなく米国株に時間を割くことを選ぶでしょう。英語でディスクロージャーがあり、日本よりも情報にアクセスしやすい米国株を見るほうが分析にかかる時間は短くて済むからです。これが、この10～20年、グローバルファンドが日本株に配分するリソースを減らしてきた原因の一つです。よほど際立って魅力的な理由がない限り、時間のかかる日本株の分析は避けられてしまうのです。

「日本人ビジネスパーソンは人の時間価値が分かっていない」

先ほど「『しっかりとプロセスを踏むことが悪いのではなく、それがビジネスパー

※ 次節で説明しますが、投資に対する利益と損失の可能性のことです。

トナーとしての信頼につながっている』と考えるグローバル投資家もいます」と述べました。実はこれ、「一度時間をかけて日本企業と付き合うと、ほかのグローバルプレイヤーを寄せ付けない参入障壁になる」という考えに基づいたものです。日本企業からすれば、新しく良い取引先がいても遠ざけてしまう、事業改善などにつながる機会を逃している可能性があるといえ、日本企業側にとってメリットが考えづらい話なのです。

欧州やアジアのビジネスやベンチャー界隈の人たちと話をしていると、「日本企業と組んで一緒にやりたいことは山ほどあるが、時間がかかり過ぎるのでやめた」という話は数えきれないほど聞いています。特にベンチャー企業は最小限の資金繰りや人員で事業を営んでいるので、大企業に求められるようなプロセスを一緒に踏む余裕はありません。

「日本人ビジネスパーソンは人の時間価値が分かっていない」というコメントがグローバルビジネスにおいてしばしば聞こえてきます。例えば、付加価値情報を持ち得ないアップデートミーティングや、ただの挨拶、ビジネスにつながらない視察などは、通常いい顔をされません。これらは古き良き日本の礼儀正しさから来ているわけですが、グローバル投資家からすると「私の時間を奪う相手」と見なされるのです。時間の価値が分からない相手は、もはや投資先・取引先には適していないと判断されてしまいます。

4-4

What is the risk-reward of this investment target?

魅力的な投資案件は、
リターンがリスクを大幅に上回る

ファンダメンタル投資を重視する投資ファンドの会議室で、対象案件に資金を入れるかどうかを議論しています。意見がいろいろと出た後、ファンドマネジャーは、投資対象を分析したアナリストにこう問いかけました。

What is the risk-reward of this investment target?

日本語にすると「この投資対象に資金を入れた場合のリスクリワードは？」となります。端的に言えば、この投資案件がもたらす利益のポテンシャル（リワード）がどのくらいあるか、一方で、最悪ケースではどのくらいの損失を被る可能性があるか（リスク）を聞いているのです。ハイリスク・ハイリターンという言葉を聞いたことがあると思いますが、リスクが高い投資には、さらに高いリターンが伴うことが求められます。バイオ株などがこれに当たるでしょう。

先のフレーズに込められているファンドマネジャーの意図は、「魅力的な投資案件は、リターンがリスクを大幅に上回る」となります。グローバル投資家は、「潜在的企業価値」が現在の「時価総額」に比べて大幅に上回り、時価総額が損なわれる可能性が少ない場合、すなわちリワードの規模がリスクを大きく上回る場合、それを魅力的な投資案件であると判断します。いわゆる損得勘定みたいなものであり、様々な投資案件を比較し、魅力的な案件により多くの資金を投入するのです。

企業価値とは

そもそも「企業価値」とは何でしょうか。投資の世界では一般にエンタープライズバリュー（ＥＶ）として知られており、「時価総額プラス純負債額」と計算され、株価をベースにはじき出します。しかし本質的には、その企業の持っている価値が付く「持ち物」や「能力」に数値や定量をあてがい、総合してどのような価値があるかを算定することです。潜在的企業価値は、それらの持ち物や能力から将来生まれる新しい価値を加味したものです。

企業が持っている価値は、物理的に存在して比較的価値が明確な土地や建物だけではなく、ブランド力や知的財産、歴史や経験、ノウハウや人材なども含まれます。市場価格が明確に存在しないこれらの資産の現在価値の査定や期待できる将来の価値は、アナリストの分析力や考え方により差が出てくるものです。

また、土地のように明確な価値が提示されているもの※でも、将来その資産価値がどう変わるか、どのような価値を生み出すかの算定もアナリストによって異なってきます。中には私見が入ることもありますが、なるべく妥当であると思われる前提に基づき仮説を立て、その中でのシナリオを想像し、推定するのです。

企業価値と時価総額

今現在の時価総額は、おおむね市場参戦者が考える当該企業の価値や潜在価値を反映しています。ただし時価総額と企業価値は必ずしも同じではありません。なぜなら、時価総額・株価は企業価値に対して市場の需給が反映しているからです。どんなに価値があるものでも、買い手がいなければ価格がつかないですし、逆に、大して価値がなさそうなものでも、需要を供給が上回れば価格が上がります。

例えば、マスク1枚の実際の価値は原価や製造コストを考えても5~10円がいい

※ 路線価や販売価格など。

ところでしょう。しかし、コロナ禍で需要が急増し、生産が間に合わなかったとき、1枚100円などという価格が付いたわけです。マスク製造会社の株価・時価総額はその100円を反映するかのように急騰しました。

リワードシナリオとリスクシナリオ

先ほど、「グローバル投資家は魅力的な案件に投資する」と書きました。その際、グローバル投資家はリターンを見極めると同時にリスクを管理し、ダウンサイドリスクを認識した上でコントロールしようとします。つまり、リワードシナリオとリスクシナリオの両方を描き、両者を比較して「リスクリワードのバランス」をとろうとするのです。なぜなら、将来どんなことが起こるか分からないからです。

もしリスクシナリオの事象が発生した場合、株価はどれくらいまで下がる可能性があるのか、最悪シナリオが起きる可能性はどれくらいで、それが起きたとき売り上げや利益などはどこまで落ち込む可能性があるのか。過去に起きた事象や同業他社の状況などを参考に、こうした算定をします。

なお、アナリストが案件対象を分析する際、一般的にリスクを2つのカテゴリーに分けます。「Known unknowns（ノーン・アンノーンズ）」と「Unknown unknowns（アンノーン・アンノーンズ）」です。前者は知られているリスク、例えば、製薬会社の臨床試験において残念な結果になるリスクです。後者は、災害など、起こるかどうか分からないことが起こるリスクです。

このうち、アンノーン・アンノーンズのリスクに関しては、分かるはずもないということで一般的にリスクシナリオに反映されていません。従って、大震災が起きたときなどは、その事象が起こって周知された瞬間に時価総額が企業価値を大幅に下回るような精査不能なレベルまで落ち込んだりするものです。そして、状況が把握されるごとに企業価値に反映されます。

高い期待値はリスク

もう一つ、リスクリワードのバランスを考える上で重要になってくるのは「期待値レベル」です。期待値が高いことはリスクであり、低いことはチャンスなのです。

例えば、全く成果を出すことを期待していなかった部下が小さな結果を出した場合、それだけでポジティブな驚きになります。一方で、みんなが「あいつがいれば大丈夫」と思っている絶対的な信頼を受けている営業担当者が珍しく案件を取り損ねたとき、周りより成果を出しているにもかかわらず「がっかり」されてしまいます。投資や事業おいて、この「がっかり」は避けなければいけないリスクなのです。

リスクを精査するには、「期待値とは何か」を理解する必要があります。

2020年から2021年に株価が上がった背景は銘柄ごとに異なりますが、見受けられたのは、コロナ恩恵企業が、永久的にコロナの恩恵を受け続ければ達成するであろう業績を織り込んだ時価総額になっていたことです。考えてみれば、非現実的であり、振り返ってみると「確かにそれはおかしかったね」と誰もが同意するような状況です。しかし、ヒートアップした状況にいると多くの人が心理的に正常心を失い、リスク分析を忘れて、リターンシナリオで頭がいっぱいになってしまいます。

そんな中、周りに流されずに決まった分析プロセスを経て、リスクリワードのバランスをとっていたグローバル投資家は、歴史的にまれに見るレベルまで期待値が上がった市場においては、リワードに対してリスクが大幅に上回り、どんなに将来的に業績が伸びる素晴らしい事業を持ち得る企業であっても、２０２２年後半にそのような企業への投資は控えていたのです。

4-5

Does it have high operating leverage?

オペレーティングレバレッジの力

ファンドの運営会議において、ファンドに組み入れているF社の議論をしているところです。アナリストはF社の年度決算を説明し、結論として「売り上げが少し落ち始めていますが、営業利益率は高いので問題ありません」と報告したところ、ファンドマネジャーはこう質問しました。

Does it have high operating leverage?

「（営業利益率が高いのは分かったけど）オペレーティングレバレッジは高いの？」という意味になります。このフレーズに込められている意図は「オペレーティングレバレッジの力」であり、もしオペレーティングレバレッジが高いなら売り上げが落ちていることにリスクがあると注視しているのです。

一般的に企業や事業を精査するとき、利益率などの指標に注目が行きがちで、高ければ高いほうがよいと考えますが、グローバル投資家はこうした現時点での指標の高さだけで投資を判断しません。では、ファンドマネジャーが注目した「オペレーティングレバレッジ」とは何でしょうか。

オペレーティングレバレッジとは

オペレーティングレバレッジは、固定費用と変動費用の比率を表す指標で、固定費用の割合が多いほどオペレーティングレバレッジは高くなります。簡単に言えば、固定費用をどれだけ効率よく活用して営業利益を生み出しているかを測る指標です。

関連する用語に「限界利益」があります。限界利益とは、追加の商品やサービスを売った際に得られる利益のことで、これは販売価格から変動費用を差し引いたものです。変動費用は、商品やサービスを1つ追加することによって発生し、数量に比例して増減する費用です。

「オペレーティングレバレッジが高い」という状態では、売上高が増加すると利益が急激に増える一方で、売上高が減少すると利益も急激に減少します。限界利益率が高い場合、この傾向はさらに強まります。

テーマパーク事業は、オペレーティングレバレッジおよび限界利益が高い事業の代表です。例えば、東京ディズニーランドや東京ディズニーシーなどのテーマパークの売上高は、入場料、飲食やグッズの購入費などで構成されていますが、その大半が入場料です。1人が支払う入場料は、ウォルト・ディズニー社に支払うロイヤルティーを除いては、追加固定費や変動費は基本的になくすべて利益になります。そのため、売上高の変動によって利益に大きな変化が生じます。この、追加の1人の入場者から得られる利益が先ほど説明した限界利益です。

そのほか、鉄道事業も高オペレーティング事業です。ほぼ満席の新幹線に追加で1人がチケットを購入した場合、その料金はオペレーターである鉄道会社の売り上げになりますが、それと同時に、そのほぼ100%が限界利益であり、すなわち営業利益にもなります。売り上げ＝限界利益となるのです。追加の1人を新幹線に乗せても、鉄道会社にかかる追加の費用は基本的にゼロだからです。

ＳａａＳ※事業もオペレーティングレバレッジが高い事業の一つです。固定費は高いですが、その固定費をてこに売り上げをスケールアップすることが可能です。

※　Software as a Service の略。ソフトウエアをサービスとしてユーザーに提供する形態です。

オペレーティングレバレッジが高い場合は、売り上げが伸びている局面では売上増と同時に利益増がさらに高い変化率で起こり、営業利益率も改善するのでとても魅力的です。一方、逆もしかりなので注意が必要です。ファンドマネジャーがオペレーティングレバレッジについて聞いたのは、すでに営業利益が高い状況で売り上げが落ち始めており、オペレーティングレバレッジが高ければ高いほど、チャンスではなくリスクになり得ると考えたからです。

企業の売り上げ製品の構成が変わることで、限界利益に変化をもたらし、営業利益率を変えることがあります。良い例がスキンケア化粧品です。一般的にデパートなどで販売されている超高級スキンケアは限界利益が高く、ドラッグストアで販売されているものは相対的に低いです。

この10年、インバウンド客※が増え、爆買いが話題になりましたが、この局面において、インバウンド客（主に中国）はデパートで高級化粧品の爆買いをしました。結果的に、化粧品会社の売り上げが伸びただけでなく、限界利益率が高い高級化粧品の売り上げの割合が増えたことで、営業利益も同時に改善をしました。インバウンド客

※　訪日外国人観光客のこと。

がいなくなった2020年以降はその逆現象が起きたのです。

グローバル投資家は、現時点での利益率などの数字にももちろん気を配りますが、その「伸び方」と「中身」、言い方を変えれば「オペレーティングレバレッジの力」に注目するのです。売り上げの伸び方がどう利益につながるかが重要なのです。これを精査するためにグローバル投資家は「オペレーティングレバレッジは高いの？」「限界利益率は？」と投げかけてくるのです。

4-6

“This is a value trap

バリュートラップにご注意”

一般投資家Gさんは、自分なりに研究し、ある企業に目を付けます。どう考えても株価は割安で、株価は今後上がると思えたのです。そこでGさんは知り合いの投資家に一度相談したところ、ひと言、こう言われました。

This is a value trap

日本語では「これはバリュートラップだね」となり、投資家は「バリュートラップにご注意」をと、アドバイスしているのです。

PER[※1]やPBR[※2]などが低い企業の株や、継続的に高配当利回りの企業の株は、割安株やバリュー株などと呼ばれます。一見するとお買い得に見えるのですが、グローバル投資家は必ずしもそうは見ていません。割安株やバリュー株の企業は、何かしらの価値に値するものを保有していても、それを活用していない、価値のとらわれた状態という意味で、「バリュートラップ」にある企業と見なします。

2023年、日本の低PBR株が一斉に上がる局面がありました。これは、PBR

※1 Price-to-Earnings Ratio の略で「株価収益率」という。
※2 Price-to-Book-Value Ratio の略で「株価純資産倍率」という。

が低迷する上場企業に対し、証券取引所が改善策を開示・実行するよう要請したため、要請に基づき当該企業がアクションをとり、企業価値を向上させる努力をするであろうという期待値が織り込まれたからです。その時点でそれらの企業の企業価値が突然根本的に改善したわけではありません。株価が上昇後、期待に見合った結果をもたらす、または近い将来もたらされるはずだと市場を納得させる証拠を提供しなければ、株価はいずれ逆戻りしてしまいます。

投資家がバリュートラップに陥っている企業を見る際、根本的に企業価値を生み出す事業方針が打ち出され、実現可能かどうかを見極めようとします。どういう方針が良いのかは業界や企業によって異なりますが、一般化していくつか例を挙げます。

方針1　成長率・利益率・競争力などが高い事業に集中する

多角化し過ぎた企業は「CONGLOMERATE DISCOUNT」といって、相対的に低いバリュエーションになりがちですが、そうした企業が成長事業にフォーカスをしたとき、投資家は注目します。将来的に、その企業に対して株式市場が成長株としての評価を付与する可能性があるからです。

方針2　現金や保有株などの資産を有効活用する

多額の現金をため込んでも、その現金を使って企業価値を向上する意思がなければ、株主からすれば、その現金は存在しないも同様です。これに関連して、スタートアップが資本調達をするときや、上場企業が増資をするとき、何にいくら必要なのかをよく精査し、金額を決める必要があります。集められるだけ集め、用途が決まっていない現金をため込んでおくことは、株主から預かった資金を無駄に寝かせておくことになります。

保有株も同じです。あくまで保有株は保有株に過ぎず、その株を売って現金化し、新たな成長投資に使うなど有効活用すれば、投資家は注目します。

方針3　リターンの低い資産を入れ替える

資産を有効活用していても、リターンが相対的に低い場合、その資産を売却してもっと高い利益の出るものに切り替えることを検討していれば、投資家は注目します。

第5章

ガバナンス

5-1

“

They have high agency risk

株主フレンドリーではない経営者だ

”

ここはVCの会議室。デューデリジェンス（投資先調査）、バリュエーション（企業価値評価）、マネジメントインタビュー（経営者面接）を経て、実際に投資するかどうか決定する、大事な投資委員会が行われています。説明しているのは、若手のベンチャー投資家です。

「国は風力発電に力を入れており、普及促進のためにこの市場に投資が向けられることは必然。起業家はこの分野の学者で、第一人者といえます」

手元の資料に目を通していた同社のパートナーはただひと言、こう言って席を立ちました。

They have high agency risk

日本語にすると「エージェンシーリスクが高いね」となり、パートナーがこのフレーズに込めている意図は「株主フレンドリーではない経営者だ」です。「エージェンシー」とは実際に業務を遂行する代理人のことです。依頼人と代理人の間で起こる問題をエージェンシーリスクと言い、投資の世界では、株主（この場合は投資家）と経営者の間に起こり得る利害対立のことを指します。経営者に面と向かっては使わないフレーズですが、投資委員会などで経営者を信頼していないという意味合いで使われることは多いです。

株主と経営者の利害は相反する

企業の所有者である株主の利益と、企業経営の重要な意思決定者である経営者の行動を一致させる仕組みのことを「コーポレートガバナンス」と言います。コーポレートガバナンスがうまく機能するには、株主と経営者の利害が一致することが重要です。

しかし、株主と経営者の利害は、しばしば相反します。一致することのほうが少ないかもしれません。株主は経営者が企業価値を高めてくれることを望んでいますが、経営者が期待通りに動いてくれるとは限りません。経営者は企業価値を高めて株価が上がったところで、自分の財産が増えるわけではありません。だったら、立派な役員室をつくったり、社用車やジェットヘリを買ったりしたほうがいいと考えて、業績そっちのけで華美な生活を謳歌する経営者もいます。

人はインセンティブで動く

株主と経営者が一丸となって企業価値を向上させるべきところですが、利害の対立やずれがあると、エージェンシーリスクが発生してしまいます。

冒頭のＶＣのパートナーは「起業家が学者である」ことにエージェンシーリスクが高い、つまり「株主フレンドリーではない経営者だ」と感じた可能性があります。もちろんすべての学者がそうではありませんが、事業を伸ばすより研究成果を出して名声を高めることを優先するタイプの人はいます。人は、金銭欲、名誉欲、権力欲、承認欲求、影響力、自由、肩書きなど、何らかのインセンティブ（動機）で動くものですが、人によってその対象は異なります。

文化の違いもあります。例えば米国では、個人の資産が社会でのステータスを決める傾向にありますが、日本はある一定の資産を超えたときには、資産よりも肩書きが重視されるといわれています。米国の投資家は、「なぜ日本の多くの経営者は、時価総額が100億円も満たないような上場企業の社長に満足しているのか」と疑問を抱いていますが、多くの日本人はなぜそんな疑問を抱くのか理解できないのではないでしょうか。

エージェンシーリスクを下げる方法

エージェンシーリスクを下げるにはどうすればいいのでしょうか。投資家と経営者の利害が一致している状態を「アラインメント」と言います。直訳すれば「一列に並べること」、つまり、同じ方向を向いている状態です。

アラインメントの状態を実現するために、経営者が株式の一部を持つことがあります。寝る間も惜しんで働いたところで報酬が変わらないのであれば、努力し続けなくてもいいやと思うかもしれません。しかし報酬の一部が株式で支給されれば、頑張って株価が上がるほど、自分の資産が増えることになるので、ある程度の犠牲を払ってでも株価を上げようというインセンティブが生まれます。株主と経営者の利害が一致するわけです。「ストックオプション」や「従業員持株制度」も同じ目的の報酬制度で、経営者と従業員が同じ方向を向いて業績アップを目指すための仕組みです。

投資家は上場企業の面談において、担当者に対して、彼らの報酬体系に関する質問をすることがあります。例えば「ストックオプションを受け取っていますか？」「ボーナスはどのような仕組みですか？」「中期経営計画の達成・未達成時にはどのような影響がありますか？」「なぜ企業にとって株価が重要なのですか？」といった、従業員の動機付けや組織内のインセンティブ構造に関する質問です。経営者だけでなく、株価や業績に影響を及ぼす可能性のある従業員が、企業の目標と適切にアラインメントされているかどうかを確認することが目的です。

スタートアップでは、投資家と経営者の間でアラインメントを構築しやすいとされています。それは、経営者が株式を保有し、投資家と同様に長期的に企業価値の向上にインセンティブがあるからです。オーナー系の株主が経営者である企業も同様です。

5-2

Who takes the upside?

計画を達成するための最適な
インセンティブスキームになっているか？

Who takes the upside?

実際にはあまり口に出しませんが、投資家の頭の中にはいくつかのフレーズが常にあります。その代表はこれでしょう。直訳すると「アップサイドを獲るのは誰?」となり、「高額報酬を得ているのは誰か」「成功したのは誰か」という質問になります。そこに込められている投資家の意図は、「計画を達成するための最適なインセンティブスキームになっているか?」です。

起業した会社が上場すると、起業家は数百億円、時に数千億円を手にします。米国では珍しい光景ではありません。このような状態を「アップサイドが大きい」と言います。この場合のアップサイドは「上振れする可能性」のことです。

株主と経営者のアップサイドのアラインメントは価値創造に直結

スタートアップだけでなく、米国の大企業においても経営者が高額な報酬を受け取ることは一般的です。2021年に米国の経営陣が受け取った報酬の中央値は約

17億9000万円で、その大部分は業績に連動するインセンティブ報酬によるものでした。これに対して日本の報酬水準は1億3000万円で、米国と日本は約13倍の差があります。

報酬の種類を「固定報酬」「短期インセンティブボーナス」「中長期インセンティブボーナス」に分けると、この比率は日米で大きく異なります。日本の大手企業では、固定報酬が約53%、短期インセンティブボーナスが約29%、中長期インセンティブボーナスが約17%です。一方、米国の大手企業では固定報酬が約8%、短期インセンティブボーナスが約23%、中長期インセンティブボーナスが約69%を占めています。報酬金額の全体を比較すると日米で13倍あった差が固定報酬のみを比較すると2倍程度に縮まります[※]。

日本の上場企業においても報酬制度の見直しが進められています。その背景には報酬水準の違いから生まれるグローバルな人材獲得競争力の課題や、ステークホルダーの利害を一致させる報酬設計（インセンティブアラインメント）の不十分さなどがよく挙げられます。グローバル競争においては、海外の優秀な経営陣を引きつけるため

※　出所：https://www2.deloitte.com/jp/ja/pages/about-deloitte/articles/news-releases/nr20220617.html/

に、魅力ある報酬体系の構築が必要です。また、高額な報酬を提供するだけでなく、ステークホルダーの利害を一致させることを目的とした、透明性と納得性のある報酬設計が求められています。

テスラ社のCEOであるイーロン・マスク氏の報酬プランは「パフォーマンスベース」と呼ばれるもので、目標が未達[※1]の場合、報酬は一切発生しないという条件が設定され、話題になりました。マスク氏の現金による役員報酬やボーナスはゼロで、時価総額や売り上げ、調整後EBITDA[※2]などの業績マイルストーンに応じてストックオプションが付与される仕組みでした[※3]。

このパフォーマンスベースの報酬プランは、CEOのインセンティブを、長期的な株主価値と会社の成長に合わせることに焦点を当てている点で注目されました。マスク氏の報酬プランは大きなアップサイドがある半面、ダウンサイドリスクも大きく極端なケースとなっていますが、史上最も大胆な報酬プランの一つとされており、テスラ社の成長軌道に伴う高いリスクと潜在的な高いリターンを反映しています。グローバルな投資家は、CEOやその他の経営陣だけでなく、企業全体のインセンティブ設

※1　契約開始時である2018年初旬のテスラ社の時価総額は約590億ドルでした。最高報酬を受け取るためには10年以内に時価総額を6500億ドルに到達しなければならない契約といわれています。

※2　「利払い前・税引き前・減価償却前利益」のことで、営業利益に減価償却費を加えて計算する企業価値評価の指標の一つです。

※3　出所：https://www.sec.gov/Archives/edgar/data/1318605/000119312518035345/d524719ddef14a.htm#toc524719_5/

計に関心を持っています。ＩＲの面談中に、次のような質問をすることがあります。

「なぜ貴社にとって株価が重要なのですか？」

「（現在面談している）あなたはストックオプションを受け取っていますか？　ボーナスの仕組みはどのようになっていますか？」

「（中期経営計画などにおいて）その計画が達成された場合、または未達だった場合、どのような影響がありますか？」

このように、グローバル投資家は企業全体のインセンティブに関する質問を通じて、経営陣と従業員のアライメント、企業文化、従業員のエンゲージメント、戦略的優先事項、そして今後の成長性や持続可能性を評価しようとします。

創業者が経営を続けている企業は株価パフォーマンスが高い

創業者が経営を続けている企業は、そうでない企業に比べ、株価パフォーマンスが大幅に高いといわれています。米国の過去15年間のデータでは、株価パフォーマンスは平均で3・1倍にも上っています[※]。この理由は創業者特有のメンタリティーにあるとされ、明確な顧客提供価値、細部へのこだわり、オーナーシップマインドセットが迅速な意思決定や適切なリスクテイクを促し、企業価値向上に貢献しているとされています。

※ 出所：Harvard Business Review『Founder-Led Companies Outperform the Rest — Here's Why』（Chris Zook）、https://hbr.org/2016/03/founder-led-companies-outperform-the-rest-heres-why

個人的には、創業者が大企業の経営者として進化するかが非常に重要だと考えています。中には、上場を達成した後に満足してしまい、さらなる成長を目指さなくなる創業者もいます。さらに悪い例では、企業を個人の利益のために私物化してしまうケースも見られます。創業者が経営を継続することが必ずしも企業にとって良いこととは限りませんが、経営者自身が株主である場合、他の株主とのアラインメントがとりやすくなると考えられます。

米国の経営者が高額報酬を受け取ることは格差の原因として非難されることがありますが、大きなアップサイドがあるからリスクをとって挑戦する経営者が生まれるのです。アップサイドが限られているとリスク回避に偏りがちで、停滞した企業になる恐れがあります。それでは、価値創造を期待する株主と経営者のアラインメントのずれを招いてしまいます。

ベンチャーキャピタルの起源とスキン・イン・ザ・ゲームという思想

ＶＣの起源は１９４０～１９５０年代に米東部ボストンで設立された米国研究開発法人とされていますが、現在のベンチャーファイナンスの仕組みは、19世紀に行われていた捕鯨とされています。

当時、鯨油は貴重な資源で希少価値が高く、鯨を捕獲できれば大きな富を手に入れることができましたが、同時に捕鯨には様々なリスクがありました。広い海の上で鯨を見つけられるかどうかは運次第のところもあり、現在ほど航海術は進歩しておらず、時には命を落とすことも珍しくありませんでした。

航海に出るには船の建造や装備に資金がかかる上、船長や船員という人的リソース、物資や燃料などの補給も必要です。年単位の航海になると莫大な資金が必要で、もし手ぶらで帰港すれば多額の借金を背負うことになります。現代風に言えば、ハイリスク・ハイリターンのビジネスだったのです。

19世紀には世界中で900隻もの捕鯨船が運航していたとされますが、そのうち75%が米国の船でした。捕鯨活動が米国に集中した理由は、技術革新はもちろんですが、それ以上に、うまくいったときにアップサイドをとれるインセンティブスキームの優位性だったのではないかとされています。

米国捕鯨のキーパーソンは「捕鯨エージェント」です。捕鯨船の運航には莫大な資金が必要でリスクも高かったため、捕鯨エージェントが米国の富裕層からリスクキャピタル[※]を集め、共同事業組合の形態をとり、必要な船、有望な船長、ノウハウを持った船員などに投資します。捕鯨エージェントも多額の資金を投資し、自らリスクを背負うことによって、富裕層のリスクキャピタル提供者からの信頼度を上げて資金集めをしていました。

このように、成功を得るために自らもリスクを負うことを次のように言います。

※ 危険性のある資本のこと。本文の場合、捕鯨に失敗するとリターンは得られないことになります。

Skin in the game（スキン・イン・ザ・ゲーム）

現代のＶＣでは、投資家が「リミテッドパートナー」としてファンドに出資し、その資金をスタートアップに投資します。このシステムは、19世紀の捕鯨船の出資者が共同事業組合の形態をとったことに似ており、投資家、運用者ともに出資し、大きなリスクを背負いながらも大きな利益を目指す点で共通しています。捕鯨業と同様に、ＶＣは多くの投資が失敗に終わる可能性があるものの、成功すれば莫大な利益を得ることができます。だからこそ、「計画を達成するための最適なインセンティブスキームになっているか？」とグローバル投資家は問うのです。

事業を進める際にも「スキン・イン・ザ・ゲーム」がポイントになります。特に高リスクな提案をする際には、提案者が自分の言葉に責任を持っているかが信頼性を判断する上で重要です。これは、提案者が自らリスクをとり、共有し、成功時に利益を分配するという点で、捕鯨エージェントの役割と相似しています。

5-3

“

We can’t see your commitment to Diversity

持続的な成長を実現するための
人財戦略になっているか?

”

投資家が投資先企業に必ず確認する項目がいくつかあります。最近特に重視しているのは「役員や管理職の女性割合」です。投資家もまたＥＳＧ（環境・社会・企業統治）ポリシーの明確な開示を求められており、投資対象企業へのチェックが年々厳しさを増しています。特に、海外の機関投資家が関わっているＶＣの場合、ＥＳＧポリシーへの適応が強く求められています。

世界的な動向を鑑みると、今後この要求はさらに厳格化すると予想されます。その結果、スタートアップ企業においても、ジェンダーダイバーシティー（特に経営層の多様性）を実現するための施策やその進捗に対する要求が強まる一方です。

役員や管理職の女性割合が低いと、次のように言われ、投資を断られる可能性が高いでしょう。

We can't see your commitment to Diversity

直訳すると「ダイバーシティーへのコミットメントが見えない」で、そこに込められている意図は「持続的な成長を実現するための人財戦略になっているか？」です。

多様性の本質：数の達成を超えた持続可能なビジネスのための多様性

多くの経営者はジェンダーの均等を単なる数合わせと考え、公には言わないものの、多様性を増すことを煩わしいと感じているのではないでしょうか。日本では長らく、単一民族としての同質性と、単一の正解を重んじる教育が行われてきたように見られます。異なる意見が少なく、クラス全体に一方的に話をする教育が行われています。

私が見た米国は、宗教も性別もエスニックバックグラウンドも多様です。学年が上がるにつれ、ディベート形式で発言数や内容によって評価されるシステムがあり、異なる文脈や背景、意見の中でコミュニケーションをとることに慣れさせられました。

日本のビジネスシーンでは、「女性社長」「女性起業家」「女性キャピタリスト」「女性マネジャー」といった性別を強調する表現が多過ぎるように思います。多くの場合、ステレオタイプに基づいて判断されがちですが、女性も若年層も高齢者も外国人も地方出身者も、それぞれが多様な価値観を持ち、ひとくくりにはできません。ステレオタイピングの結果、マイノリティーが働きにくい環境が生まれ、経営会議などで多様な意見が出ないため判断が偏ることがあります。

企業価値を考えると、「見落とされている視点」がないかを探ることが重要です。根本的には、「女性が何人いるから大丈夫」「LGBTQのメンバーがいるから大丈夫」という数の問題ではなく、実際の意見の多様性とそれが声に出される環境をどれだけ提供できているかです。単に同じ価値観や見方の人々だけがいては意味がなく、また、異なる意見を持っていても声を上げることができなければ意味がありません。

日本も徐々に変わりつつありますが、特に消費者向けビジネスでは、キャンセルカルチャーや炎上のリスクを考慮する必要があります。これまで許されていた行動が、価値観の多様性が明らかになるにつれ許されなくなっています。またSNSによって声が大きくなりやすいです。社長や組織が時代遅れであると目立ち、組織の学習能力や採用力に影響を及ぼします。

日本は2040年に向けて平均して毎年50万人の労働人口が減っていく※とされており、これからの採用市場はさらに競争が激しくなります。かつて日本の金融機関が全盛期を迎えたバブル時代前後、外資系金融機関にチャンスを見いだした多くの高学歴女性は活躍し始めました。そして、彼女たちの成功が外資系金融機関のダイバーシティーの進展を促しました。

実際、様々なデータが企業業績への好インパクトを裏付けています。マッキンゼー社の調査によると、取締役会に女性が30%以上いる企業は、そうでない企業に比べて業績が48%良好であることが分かりました※1。また、バンク・オブ・アメリカ社の調査によると、ダイバーシティーが高い取締役会を持つ米国の上場企業は、ROEやEPSが高い傾向にあります※2。ブラックロックの調査でも、ジェンダーダイバーシティーが高い企業はROAが2%以上高いという結果が出ています※3。

重要なのは、「女性役員や管理職を増やす」だけではなく、違った意見を自由に言える、インクルーシブな環境を提供することです。単に迎合するだけの人は、ほかの人のモチベーションを低下させるリスクを持ち、害悪であると考えられます。

※　出所：https://www.works-i.com/research/works-report/item/forecast2040.pdf

※1　出所：https://www.mckinsey.com/~/media/mckinsey/featured%20insights/diversity%20and%20inclusion/diversity%20wins%20how%20inclusion%20matters/diversity-wins-how-inclusion-matters-vf.pdf?shouldIndex=false

※2　出所：https://institute.bankofamerica.com/content/dam/bank-of-america-institute/sustainability/dei-high-cost-of-slow-progress-april-2022.pdf

※3　出所：https://www.blackrock.com/corporate/literature/whitepaper/lifting-financial-performance-by-investing-in-women.pdf

フェアだと思っているけどバイアスだらけ！

キャロライン・クリアド・ペレス氏が著した『存在しない女たち　男性優位の世界にひそむ見せかけのファクトを暴く』（２０２０年、河出書房新社）には、男性主導の意思決定過程は社会的に様々な不均衡を引き起こしていることがデータで示されています。

例えば、医療の領域における臨床試験では、長らく女性は研究対象から排除される傾向にありました。男性を「標準」として採用してきたため、女性の生理周期などによる影響が考慮されないほか、医薬品の投与量に関して男女間で必要とされる量が異なることや、効果に性差があることが見過ごされてきました。その結果、女性は男性と同じ病気であっても高い死亡リスクにさらされ、女性特有の病気に関しては、適切な医薬品が開発されにくい現状もあります。

さらに、社会的なインフラストラクチャーは男性を基準に設計されているため、交通事故における女性の死傷率が男性より高いとされています。車の安全設計において、シートベルトの調整可能範囲、シートの高さ、さらには平均的な歩幅まで、すべてが男性基準で構築されているので女性には適合しないという問題が生じているのです。

これらは社会全体の包括的な視野から見落とされていることであり、男性優位の意思決定構造がもたらす具体的な例として、現在も残っていることです。

オックスブリッジ卒業から日本金融界の壁まで

私たちがオックスブリッジを卒業した時まで、ジェンダーバイアスの直接的な影響を感じることはありませんでした。しかし、2000年代初頭に日本の金融業界へ足を踏み入れたとき、私たちの理解とはかけ離れた現実に直面しました。

若手であることが影響した部分もあるかもしれませんが、私はしばしば「お飾り」として扱われました。個人の評価は数字のほか360度評価もあり、そこでは同僚からの「従順さ」や「親しみやすさ」といった属性によって左右されるため、理不尽な状況に直面しても、我慢するほかありませんでした。さらには、提案の内容よりも提案者の属性が重視され、「誰が話すか」が成否を決める環境でした。私は案件を進めるために、同僚の男性に内容を耳打ちし、彼を通じて意見を述べることもありました。

子どもを産んだ後、日本の企業に転職し、以前と変わらぬ勤務を続けようとしました。しかし、子どもが病気になり急な欠勤を余儀なくされるかもしれない状況を考え、仕事の責任を果たすために自宅用のPCの利用を申請したところ、「無理をしないで」と、いわゆる「マミートラック」※に誘導されそうになりました。そのような環境の中で、家族との時間を優先し、一度はキャリアを諦めかけた時期もありました。会社からも活躍を望まれていないように思え、家族から望まれた「専業主婦」として子育てに専念しようと考えたのです。それは、当時受け入れられていたソーシャルコンディショニングの一例だったように思えます。

このような体験は、なぜ日本の女性の約70%が第一子出産後10年以内に職を離れるのか、そして日本がOECD加盟国の中で男女間の賃金格差が第4位であるのか、その背景を物語っています※。キャリアと家庭の両立は依然として大きな課題であり、

※ 子どもを持ち働く女性が仕事と子育ての両立はできるものの、昇進や昇格には縁遠いキャリアコースに乗ってしまうこと。

※ 出所：https://www.economist.com/briefing/2014/03/29/holding-back-half-the-nation/
出所：https://www.oecd.org/tokyo/statistics/gender-wage-gap-japanese-version.htm

日本社会が直面しているジェンダー平等の進展の遅れが、その根底にあると考えています。

評価と働き方と経費の使い方

内閣府が公表している「男女共同参画白書 平成30年版」にはこんなデータがあります。日本の6歳未満の子どもを持つ夫婦の家事・育児関連時間は、女性が7時間34分（1日当たり計算）に対し、男性が1時間23分。実に5・46倍の差があります。ちなみに、米国は1・79倍、英国は2・22倍です※。日本の女性は、世界的に見て、最も家事育児に時間をとられているのです。

デュアルキャリアが増えている中、無償労働である家事育児（介護も含む）の責任が女性の職場でのパフォーマンスに及ぼす影響が大きいことが評価システム、働き方、経費の使い方に反映されていません。評価基準にはバイアスがあり、女性の多面的な労働負担が考慮されていないことがしばしばあります。

※ 出所：https://www.gender.go.jp/about_danjo/whitepaper/h30/zentai/html/zuhyo/zuhyo01-03-08.html

女性がケアギバー[※]としての役割を担うことで、ワークライフバランスの課題が生じ、昇進の機会やプロフェッショナルな成長が限定される場合があります。柔軟な働き方を選択する女性は評価において不利益を被る可能性があり、ソフトスキルや危機管理能力など、ケアギビングから派生する重要なスキルが既存の評価の枠組みの中では適切に評価されにくくなっています。

また、同僚や上司と信頼関係を構築する「飲みニケーション文化」などはいまだ残っています。その文化は仕事での円滑なコミュニケーションやパフォーマンスの出しやすさに直結するのですが、育児があるために参加できずそのチャンスを阻害しています。飲み会は経費で賄えることがあったとしても女性が平等に参加できるよう、シッター代を経費として捻出されることはあまり日本企業では聞きません。

このような性別に基づく期待やアンコンシャスバイアス[※1]により、能力が過小評価されがちです。さらに、仕事の前後の家事や保育という休息が許されないダブルシフトのストレスがバーンアウト[※2]やパフォーマンスへの影響をもたらすこともあります。このような要因をパフォーマンス評価に組み入れず、職場での支援やリソース

※　要介護者、子ども、お年寄りなどのお世話をする人のこと。

※1　無意識の思い込みのこと。

※2　燃え尽き症候群のこと。

の配分において女性の状況を考慮しない企業は、多様な視点やポテンシャルの完全な活用を見逃してしまうことになります。

スタートアップ企業における多様性の重要性

スタートアップ企業が直面する一般的な懸念として、多様性を尊重する文化がコミュニケーションに要する時間（コミュニケーションコスト）を増加させ、結果として必要かつ迅速な行動が妨げられるというものがあります。確かに、一つの文化の環境は短期的な効率をもたらし、表面的なストレスを軽減させる可能性があります。

しかし、それは組織の長期的な成長とスケールアップを妨げるリスクを秘めています。この点を理解し、適切な戦略を練ることが不可欠です。

国際的な観点から見ると、多様性と包摂に関するガバナンスは、よくいわれているほどには成熟していないのが現状です。まだ形式的な側面が存在し、最適な状態には至っていません。

最も重要なのは、私たち自身に無意識のバイアスが存在する可能性に気付き、その認識を持つことです。また、他者を尊重し、相手の立場を理解しようとするコミュニケーションスタイルを醸成することも、組織の多様性を高める上で欠かせない要素だと思います。

5-4

What's the value creation factor?

M&Aの成否も
仮説と実行精度にかかっている

M&Aを決定するときの取締役会で取締役が、あるいはM&A発表後に投資家が問うフレーズです。

What's the value creation factor?

日本語では「バリュークリエーションの仮説」となり、そこに込められている意図は「M&Aの成否も仮説と実行精度にかかっている」です。

M&Aは企業の戦略的な成長にとって魅力的な選択肢であり、研究や文献が豊富に存在するにもかかわらず、その70~90%が失敗に終わるといわれています※。失敗例は国内外を問わず多く、非連続的な成長をもたらすと華々しく発表されたM&Aも、数年後に減損を公表する事態に陥ると、その企業は「M&Aが下手」というレッテルを貼られてしまいます。

M&Aに携わるグローバル投資家の頭の中にある「バリュークリエーションの仮説」という言葉は何を意味するのか、それを理解するために、まずは、よくある架空のM

※ 出所：https://hbr.org/2011/03/the-big-idea-the-new-ma-playbook

＆Ａのケースを追ってみます。

テクノロジースタートアップが大企業から合併提案を受ける

新進気鋭のテクノロジースタートアップであるスイフトソフト社は、革新的なデータ分析ツールを開発し、瞬く間に多数の利用者を獲得しました。しばらくすると、同社のファウンダー兼ＣＥＯのエマのところに、業界のリーダーである大企業テックタイタン社から合併（Ｍ＆Ａ）の提案が届きます。取締役たちは、合併によって得られるはずの新たなリソース、広い流通網、豊富な専門知識に熱を上げ、エマ自身、業界のリーダーとの提携に大きな期待を寄せ、話はとんとん拍子で進みます。

大々的に発表された合併は、当初市場から好意的な反応を得ます。しかし、実際に企業統合が進み、しばらくたつと、元スイフトソフト社の主要メンバーが次々と退職し始めたのです。テクノロジースタートアップであったスイフトソフト社は柔軟でイノベーティブな文化の社風でしたが、テックタイタン社は厳格でヒエラルキーを重んじる文化だったのです。当然のようにあちこちで衝突が起こり、元スイフトソフト社の主要メンバーはフラストレーションを覚え、次々と別の会社に移っていってしまったのです。

さらにエマは、自分たちが開発した革新的なツールが、テックタイタン社の既存プロダクトの影に隠れてしまっていることに気付きます。「大企業との合併が必ずしもプラスに働くとは限らない」という厳しい現実を目の当たりにするのです。

この危機を乗り越えるため、エマは、自分たちが開発したツールをさらに改良すべく、チームの文化を保持し、チームの自律性を守るための交渉に乗り出します。

結果として、元スイフトソフト社のチームはテックタイタン社内で独自の地位を築き、そのイノベーティブな文化を守り通しました。エマは、大企業のリソースに惑わされずに、チームのアイデンティティーと価値観を維持することの大切さを理解します。自らの経験を基に、エマはM&Aの複雑さや潜在的な落とし穴をほかのスタートアップに教えることになります。

M&Aの第一歩は、買い手が自分の「魅力」を客観的に把握すること

エマのようなケースは珍しくありません。M&Aは、常に成長と成功に直結するわけではないのです。M&Aを成功させるには、投資家目線での冷静な視点が必要だと考えられています。

ここで重要なのは、グロースキャピタル投資家のような成長資本に特化した投資家の視点です。「買収者は何をもたらすのか？」「この企業が保有することで買収ターゲットの価値は増すのか？」といった問いが、M&Aの成否を左右します。

M&Aはいわば企業間の「お見合い」のようなもので、ただ単に結合することに合意するだけでなく、その後も共に事業を継続できる関係を築かなければなりません。「価値のあるもの」を有する企業ならば、当然複数の買い手が現れるはずです。重要なのは、買収によってどのような価値を提供できるかを買収側が正確に理解し、評価することです。

この価値は、成長資本の提供にとどまらず、効果的なガバナンスおよび管理体制、提供可能で有用なノウハウやスキルなどの貴重なリソースの提供にも及びます。このような価値提供がなければ、効果的なシナジーの創出がなされず、M&Aは理論上成功しないものであり、もし成立したとしてもその価値は疑問視されるべきでしょう。

従って、傘下に入った企業を通してどのような付加価値を生み出せるのかという「バリュークリエーションの仮説」が非常に重要です。M&Aにおけるバリュークリエーションとは、買収後の統合された企業が、それぞれの個別企業の合計以上の価値を生み出す能力のことを指します。

例としては、コスト削減によるシナジー、市場シェアの拡大、新たな売り上げ成長の機会、戦略的資産やノウハウの獲得などです。このような仮説を基準にすることにより、M&Aの実行とPMI※の「型」がつくられやすいです。M&Aを繰り返すことで組織も磨かれ、経験がノウハウとして蓄積されていくことでしょう。

エマのケースの場合、傘下に入ったわけではありませんが、企業の規模から考えて

※ ポスト・マージャー・インテグレーションの略で統合プロセスのこと。

バリュークリエーションの仮説を立てるのはテックタイタン社側であり、エマ自身ではありません。しかし、テックタイタン社側がどのようなバリュークリエーションの仮説を立てているのかを事前調査しておけば、このような事態は避けられたといえるでしょう。M&Aの双方にとって、「バリュークリエーションの仮説」は重要なのです。

M&Aの成否は戦略的な適合性だけでなく、カルチャーの適合性にかかっている

M&Aの案件を進める中で、当事者同士の交渉や、お互いの将来像を確認する過程はまるで恋愛のように良い面を見せ合うことが求められます。しかし、株式買取契約（SPA）の締結に集中するあまり、その後のPMIの計画を疎かにし、実行に移してしまうことがあります。

特に、統合の失敗はよくある事態で、カルチャーフィットの問題、適切な距離感の欠如、管理スタイルの不一致などにより、価値はあるが期待されたシナジーを創出できず、結果として買収した企業の価値を損なうことにつながります。

M&Aでは、最終的には買い手が価格を決定します。市場やアナリスト、売り手ではなく、買い手です。競争入札以外においても、多くの企業は売り手の提示価格から交渉を始め、投資銀行に価格設定を依頼しますが、経営者自身がその事業の価値を評価することが不可欠です。

日本企業が国際的なM&Aで失敗する主な理由は、過剰な価格で取引を行いがちであることや、PMIに失敗して価値を損なってしまうことです。「過剰な価格で取引を行う」とは、実際の価値がないものに価値を見いだしてしまうことや、過剰に支払ってしまうことを意味します。また、交渉力の不足も、買い手としての価値を正確に評価する能力の欠如につながります。

この点に関して、インド人ビジネスパーソンの知人に面白い話を聞きました。「インド人は幼少の頃から市場での交渉に慣れ親しんでいます。子どもの頃、多くのインド人は母親に連れられて市場に行き、母親が価格交渉をしているのを見ています。母親は納得のいく価格になるまで野菜を買わず、時には何も買わずに帰ることもあります」。インド人は幼少期において最も影響力のある母親から、交渉の英才教育を受けており、そのような経験が、交渉力の差になって表れるのです。

M&Aは、適正な価格での取引、当初想定されたシナジーの実現を含むＰＭＩの成功、および戦略目標の達成を通して、買い手側企業全体のＲＯＩＣの向上を目指します。これは結果として企業価値の向上に貢献することになります。

おわりに

「もったいない」を解消するには投資家との対話が有効――高岡 美緒

本書では、欧州に始まり約300年にわたる現代市場経済システムの中で、起業家と資本家がどのようにユーザーや顧客に価値を提供し、価値を創造していくかを「投資家の視点」から解説しています。

金融取引、特に投資や融資は、企業の「未来の価値に基づく」ものです。投資は、未来の価値が高まる可能性が高い場合に行われ、リターンや利息といった対価を得ます。この点で、起業家が投資家と同じ将来を見据えるとき、彼らは非常に強力な力を発揮することができます。特に重要なのは持続的な成長です。スタートアップは計画が順調に進まなくても、資金ショート※を回避して生き残ることが重要です。一方、成熟した事業を持つ企業は競争に勝ち抜き生存することがカギです。本書で説明して

※ 企業や事業を継続させるために必要な現金を確保できない状況のこと。

いるコンセプトは、様々な業界で使える市場経済の「共通言語」です。

この本に書いているビジネスの原則を理解し実践している人が、「はじめに」で紹介した「コマーシャルな人」です。シリコンバレーでイノベーションが盛んなのは、特定領域に精通した学者、法律の専門家、ビジネスパーソン、マーケティング専門家、エンジニアなど、様々な専門分野の人たちがこの共通言語を用いて、多角的な視点から事業を進められるからだと考えています。

スタートアップと上場企業への投資は、表面上はリスクが異なるように見えますが、実は共通点は多いです。スタートアップは何らかの事業機会に気付き、仮説に基づいた事業構築を目指し、上場企業は既存の事業の成長のために資金を効果的に配分します。成熟した事業を持つ企業が成長を図る際のM&Aや新規事業は、本書の第1章と第2章をご参照ください。スタートアップにとって上場はゴールではなく、投資家の信頼を得て持続的に成長することが重要です。これに関しては第3章から第5章で詳述しています。

執筆に当たり、共通言語の知識を基に「ではどうしたらよいのか」という問いに答えることを目指しました。しかし、本書で示している例が必ずしも成功を保証するわけではありません。イノベーションは、市場経済の原理を理解し、異なる視点を持つこと、つまりオフコンセンサス思考がポイントであり、最終的に、欧米の主流経済ルールを理解した上で、長期的な生存の戦略を立てることが重要です。本書では、そうしたルールを解説しています。

本編でも触れていますが、オープンＡＩ社創業者兼ＣＥＯのサム・アルトマン氏は、YCombinatorの社長をしていたときにStartup Playbookというプレイブックを公表していました。ただ、「もしそのフレームワークを使っていたらオープンＡＩ社は失敗に終わっていた」と彼は言い、続けて次のように語っています。

「最も優秀な起業家や投資家は、ルールを知りつつ、それを破るときを知っています」

日本企業の「もったいない」を解消するのに必要なのは、「投資家目線＝ファイナンスリテラシー」だと思います。これを理解するには伝統的なファイナンスの教科書より、実際の投資家との対話が有効と考えます。この対話を通じて、一般社員から経営陣までがファイナンスを理解するための共通言語を確立することが最善の方法だと考えます。本書を通して投資家の思考と生態の理解が深まったのであればうれしいです。

現在日本は、40年ぶりのインフレ、企業ガバナンスの改善、政府によるイノベーションの促進といった、私たちの世代がこれまでに経験したことのない大きな変化の中にあります。変化の時は、新しいチャンスを生み出すエキサイティングな時だと思います。世界的に見ても、中国の経済成長の不透明さや地政学的リスクが高まる中、多くの国際的な投資家や企業、外国政府が日本に新たな関心を寄せています。

ある意味、日本に神風が吹いているのです。このような機会はそう頻繁には訪れませんし、永遠に続くわけでもありません。今、世界から注目を集めているこの瞬間に、日本の持つ価値を世界に示し、その注目を具体的な機会に変え、さらなる価値創造につなげられたら素晴らしいと思います。私たち一人ひとりがこの機会を生かし、日本の未来を共に築いていくことができればと願っています。

Don't work hard, work smart ——曽我 有希

私が英国の金融機関で働き始めた頃、上司にもらったフレーズをみなさんと共有したいと思います。

Yuki, don't work hard, work smart／一生懸命働くのではなく、スマートに働くんだよ

私は高校生の頃から現在まで、半分ぐらいの期間を英国で過ごしています。英国の学校に留学するまでは、東京で夜遅くまで塾に通い、コツコツと勉強をし、受験戦争に参戦する人生を送っていました。英国の寄宿学校に入学した後も、英語のハンディを補おうと、さらにコツコツ、1秒たりとも無駄にしないという意気込みで、部活にも入らず、ホリデーにも行かず、とにかく勉強だけして乗り切り、どうにか英国の大学に入学することができました。

そんな経験から、「コツコツと努力を重ねる日本人のＤＮＡを最大限に生かせば、これからも何とかなるだろう」、そんなことをぼんやりと考えていたように思います。

大学卒業後、様々な理由から投資の世界でキャリアを積むことを選んだのですが、働き始めた頃は大量のレポートを書き、ファイナンシャルモデルを可能な限り細かくつくり、そのせいでいつもオフィスを出るのが遅くなっていたのです。

仕事の量はこなしているけれども、その割には良い投資アイデアが秀でて多いわけでもない、そんな私を見かねた上司が、「Don't work hard, work smart」と声を掛けてくれたのです。

「work smart」とは、一般的には効率良く仕事をすることを指します。例えば、細かいファイナンシャルモデルを5時間かけてつくって80％の答えを出すより、ざっくりとしたファイナンシャルモデルを5分でつくって70％の答えを出すほうがよいということです。しかし、素晴らしいアイデアをどんどん生み出すグローバル投資家の「work smart」はもっと奥深いものです。

多くのグローバル投資家は、熱中する趣味を持ち、多才で（特に音楽が得意な人が多い印象です）、世界中を旅し、家族と共に過ごす時間を大切にし、もちろん仕事もしっかりこなします。彼らが素晴らしいと思うのは、オフィス内外で得た経験や知識、人脈を最大限に生かし、面白い投資アイデアを多数生み出すことです。

どんな素晴らしい投資家でも失敗したり過ちを犯したりするのですが、その時は非感情的に受け入れ、その経験を良き教訓という価値に転換するのです。とにかく時間の使い方に無駄がなく、1分1分の過ごし方の中味が濃いのです。自分の時間は、自分が持ち得る最も大切な「資金」であることを考えると、彼らが自分の持つ時間の「リターン」を最大化しようと試みることは自然なことです。

グローバル投資家である上司に「work smart」を投げかけられたことは、私の人生の転機となりました。それまでの私は、自己評価として「She is commercial」には遠いところにいると思っていました。そんな私にとって「work smart」というフレーズは、業界や会社以外のことに興味を持つきっかけになり、それが私の様々な「引き出し」となり、結果的に多くの投資アイデアを生み出すことにつながったのです。「work smart」というフレーズが、「限られた時間で可能な限りの質を生み出す大切さ」を気付かせてくれたのです。

みなさんにとっても、本書に掲載したグローバル投資家のフレーズがビジネスやキャリアにおける新たなアイデアや発見をするきっかけとなれば幸いです。

最後に、投資キャリアにおいて、グローバル投資家のみならず、数々の素晴らしい日本企業のマネジメントや現場の方々にお世話になり、対話を通して多くを学ばせていただきました。深く御礼を申し上げます。

日本は間違いなく世界でトップレベルの様々な価値を抱えています。そして今、世界の投資家や企業が日本に再注目しています。この状況をうまく活用し、数多くの次世代のグローバル日本企業やビジネスが生まれ、大きな価値創造がなされることを願っています。

謝辞

本書の執筆に当たっては、多数のありがたいご助言をいただきました。文責はすべて筆者らにありますが、この場を借りてお礼を申し上げます。スタンフォード大学客員研究員 浅原大輔様、第一生命保険株式会社Head of London Innovation Lab 伊豆淳様、Janchor Partners パートナー 植山敏様、DNX Ventures Managing Partner 北村充崇様、DNX Ventures Managing Partner 倉林陽様、Cdots合同会社 小柴満信様、株式会社アバントグループ 代表取締役 グループCEO 森川徹治様、Turiya Capital Founder, Chief Investment Officer ダビデ・エロー様、根津アジアキャピタル マネージングパートナー デービッド・スノッディ様、株式会社ホワイトシップ ディレクター 中村綾子様、カタリスト投資顧問株式会社 代表取締役社長 チーフ・ポートフォリオ・マネージャー 平野太郎様、エンジェル投資家 ベン・ファーガソン様（あいうえお順）。

ありがとうございました。